AF360419

COURS

THÉORIQUE ET PRATIQUE

DE

DESSIN LINÉAIRE

CONFORME AUX PROGRAMMES OFFICIELS

À l'usage des Écoles primaires élémentaires
et des Écoles primaires supérieures

PAR

F. C.

Reproduire au moyen d'instruments et dans des proportions déterminées le croquis coté d'un objet : tel est le but du dessin linéaire.

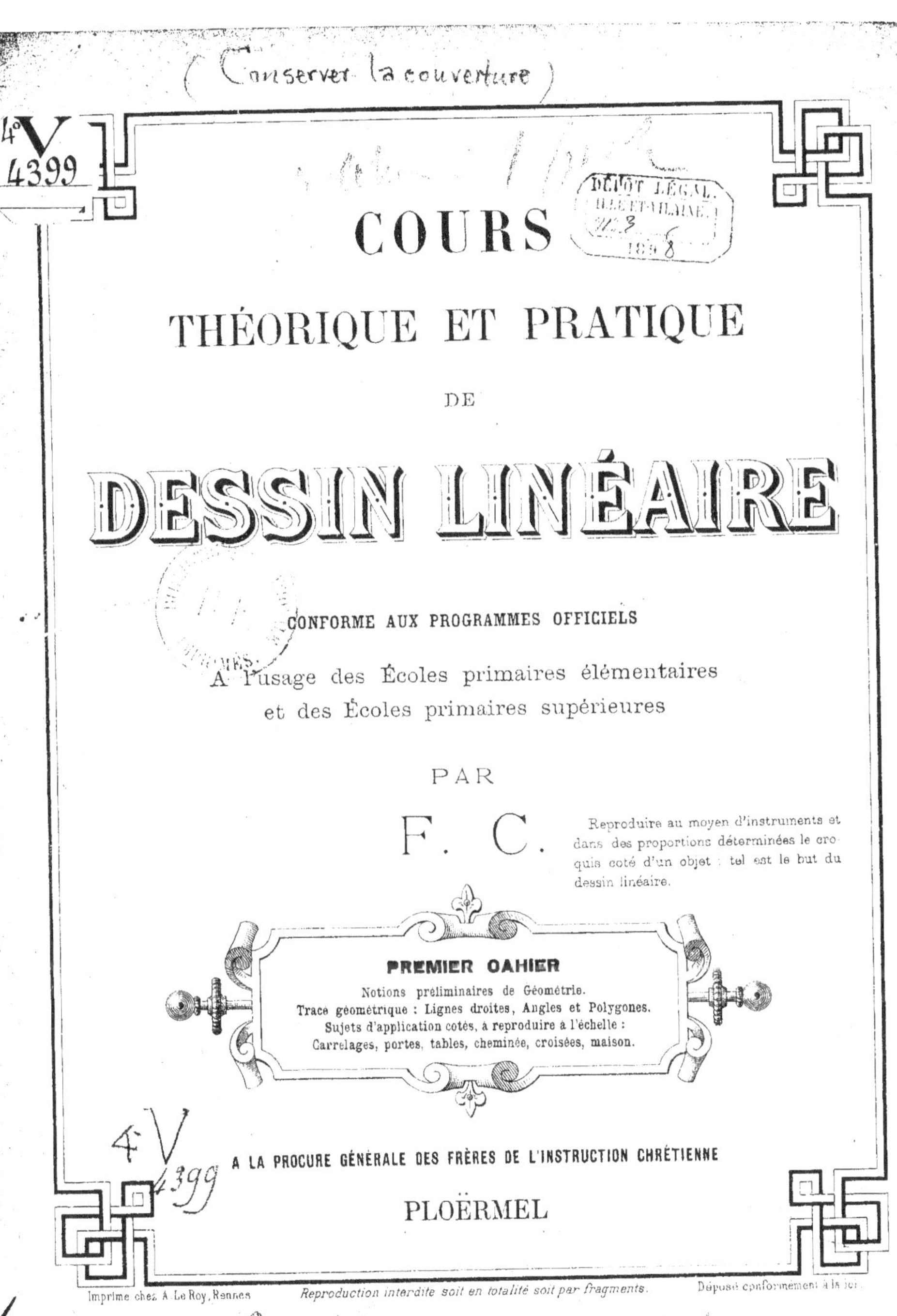

A LA PROCURE GÉNÉRALE DES FRÈRES DE L'INSTRUCTION CHRÉTIENNE

PLOËRMEL

COURS DE DESSIN LINÉAIRE

1re Partie

DÉFINITIONS PRÉLIMINAIRES

1. — Le *dessin linéaire* est l'art de représenter par des lignes les contours des surfaces et les arêtes des corps.

2. — La base du dessin linéaire est le *tracé géométrique*.

3. — Le *tracé géométrique* consiste à résoudre *graphiquement* certains problèmes d'un usage fréquent dans le dessin.

Lignes.

4. — Une *ligne* n'a qu'une dimension, la *longueur*.

5. — La *ligne droite* est le plus court chemin d'un point à un autre. Ex. : *AB* (fig. 1).

6. — La *ligne brisée* est une ligne composée de plusieurs droites de directions différentes. Ex. : *ABCD* (fig. 2).

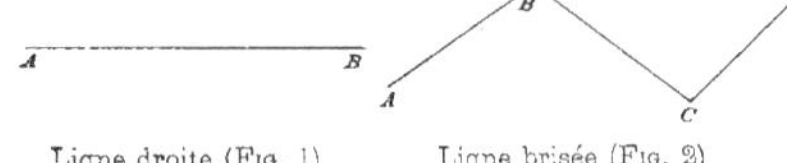

Ligne droite (Fig. 1)　　　Ligne brisée (Fig. 2)

7. — La *ligne courbe* est une ligne qui n'est ni droite, ni composée de lignes droites. Ex. : *ABC* (fig. 3).

8. — La *ligne mixte* est une ligne qui est composée de droites et de courbes qui se joignent entre elles. Ex. : *ABCD* (fig. 4).

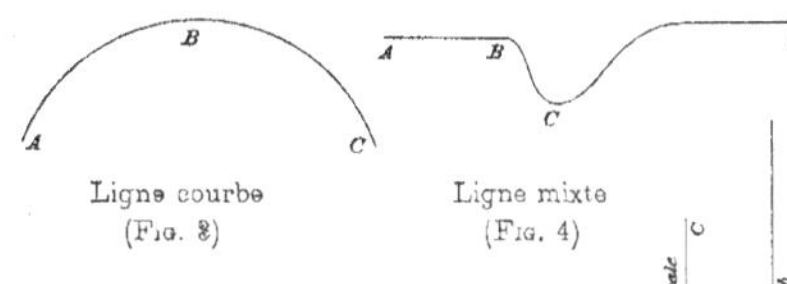

Ligne courbe (Fig. 3)　　　Ligne mixte (Fig. 4)

9. — La *ligne verticale* est une ligne qui suit la direction du fil à plomb. Ex. : *AC* (fig. 5).

10. — La *ligne horizontale* est une ligne droite qui suit la direction de l'eau tranquille. Ex. : *MN* (fig. 5).　　(Fig. 5)

11. — Des lignes sont *parallèles* lorsqu'elles sont partout également distantes. Ex. : *MN, RS* (fig. 6) ; — *AB, CD* (fig. 7).

Voir le tracé des parallèles aux instructions générales (couverture de ce cahier).

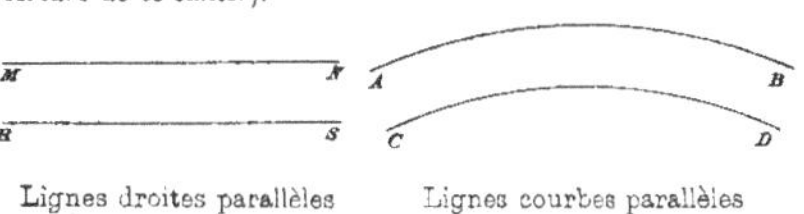

Lignes droites parallèles (Fig. 6)　　　Lignes courbes parallèles (Fig. 7)

Circonférence.

12. — La *circonférence* est une courbe plane et *fermée* dont tous les points sont également distants d'un point intérieur appelé *centre*. Ex. : *ABCD* (fig. 8).

Le cercle est la partie limitée par la circonférence.

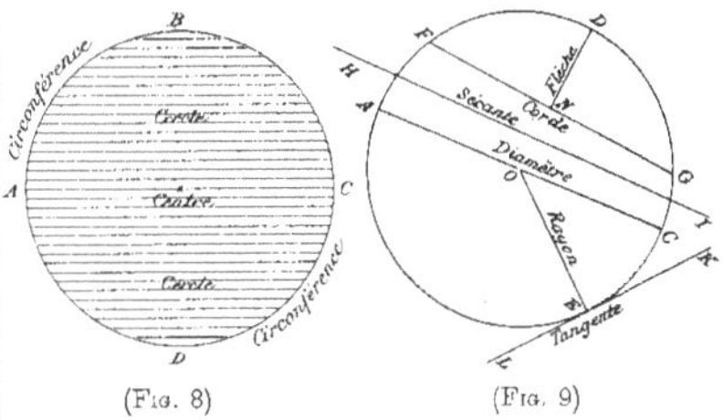

(Fig. 8)　　　(Fig. 9)

13. — Le *rayon* est une droite qui joint le centre à un point de la circonférence. Ex. : *OE* (fig. 9). — Tous les *rayons* d'une même circonférence sont *égaux*.

14. — L'*arc* est une portion de la circonférence. Ex. : *FDG*.

15. — La *corde* est une droite qui joint deux points quelconques de la circonférence. Ex. : *FG*.

16. — La *flèche* est une droite qui joint le milieu d'un arc au milieu de la corde qui le sous-tend. Ex. : *DN*.

17. — Le *diamètre* est une corde qui passe par le centre de la circonférence. Ex. : *AC*. — Le *diamètre* est égal à *deux rayons*.

18. — La *sécante* est une droite qui coupe la circonférence en deux points ; c'est une *corde* prolongée. Ex. : *HI*.

19. — La *tangente* est une droite qui ne touche la circonférence qu'en un point appelé *point de tangence*. Ex. : *KL*.

20. — Toute circonférence peut se diviser en 360 parties égales appelées *degrés* (360°), le degré en 60 *minutes* (60'), et la minute en 60 *secondes* (60'').

Angles.

21. — Un *angle* est l'ouverture plus ou moins grande que forment deux lignes droites qui se rencontrent. Ex. : *BAC* (fig. 10).

Les lignes *AB* et *AC* sont les *côtés* de l'angle, et le point de rencontre *A* en est le *sommet*.

22. — La *grandeur* d'un angle dépend de l'ouverture comprise entre les *côtés* et non de leur *longueur*.

23. — La *bissectrice* d'un angle est la droite qui divise cet angle en deux parties égales. Ex. : *OI* (fig. 11).

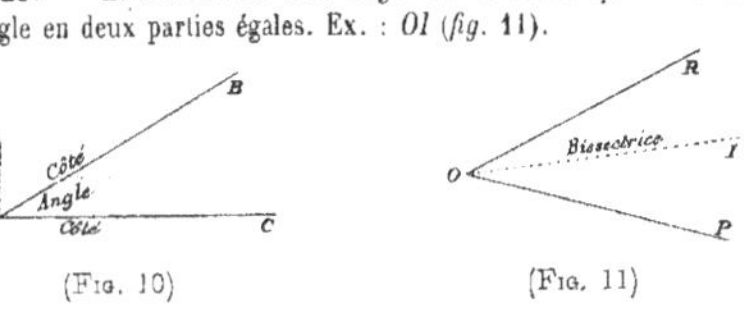

(Fig. 10)　　　(Fig. 11)

24. — Une droite est *perpendiculaire* à une autre quand elle forme avec celle-ci deux *angles égaux*.

Elle est *oblique* dans le cas contraire. Ex. : La ligne *CD* est perpendiculaire à *AB* (fig. 12) ; — *OR* est oblique à *EF* (fig. 13).

Voir le tracé des perpendiculaires aux instructions générales (couverture de ce cahier).

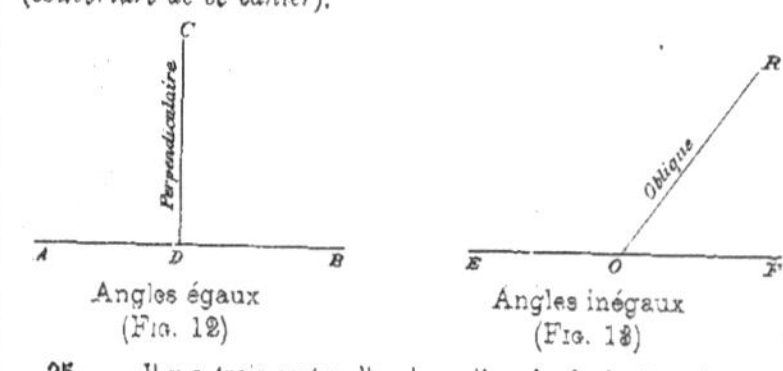

Angles égaux
(Fig. 12)

Angles inégaux
(Fig. 13)

25. — Il y a trois sortes d'angles : *l'angle droit, l'angle aigu et l'angle obtus.*

26. — *L'angle droit* est un angle dont les côtés sont perpendiculaires entre eux. Ex. : *BAC* (fig. 14).

Un angle droit a pour mesure 90°, ou le quart de la circonférence.

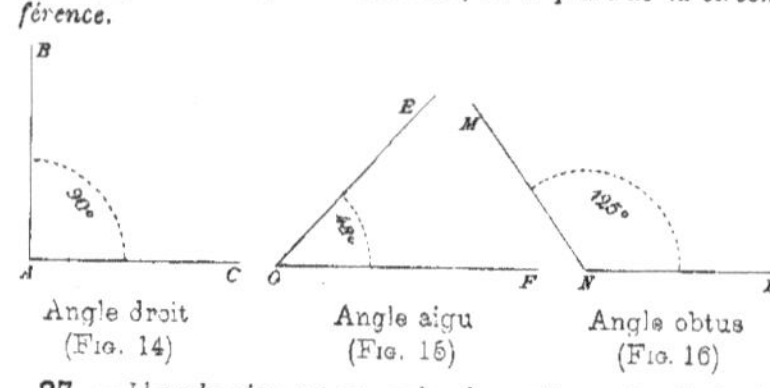

Angle droit
(Fig. 14)

Angle aigu
(Fig. 15)

Angle obtus
(Fig. 16)

27. — *L'angle aigu* est un angle plus petit que l'angle droit ; — il a pour mesure moins de 90°. Ex. : *EOF* (fig. 15).

28. — *L'angle obtus* est un angle plus grand que l'angle droit ; — il a pour mesure plus de 90°. Ex. : *MNP* (fig. 16).

29. — Le *rapporteur* est un demi-cercle en corne ou en cuivre qui sert à *mesurer* et à *reproduire* les angles. Le *limbe* (demi-circonférence) est divisé en 180° numérotés de 10 en 10. Le *diamètre* du rapporteur s'appelle *ligne de foi.* Ex. : *AOB* (fig. 17).

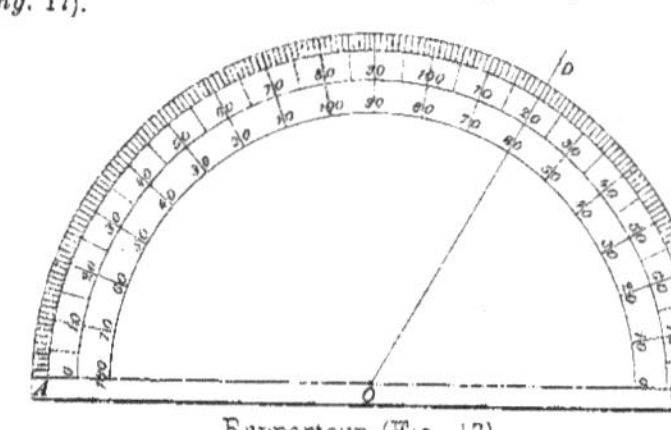

Rapporteur (Fig. 17)

Pour mesurer un angle *DOC* avec le rapporteur, on place le *centre* de l'instrument au sommet de l'angle *O*, et on dirige la *ligne de foi* sur l'un des côtés *OC*. La division du limbe qui correspond à l'autre côté *OD* fait connaître la valeur de l'angle. Ainsi l'angle *DOC* (fig. 17) a pour mesure 60°.

Il importe de s'exercer à mesurer des angles avec le rapporteur et aussi à apprécier leur mesure à l'œil.

Polygones.

30. — On appelle *polygone* une portion de plan limitée par des droites. Ces droites sont les *côtés* du polygone ; les angles qu'elles forment sont les *angles* du polygone, et les sommets de ces angles sont les *sommets* du polygone.

Les côtés d'un polygone forment son *périmètre*, c'est-à-dire son contour.

Ex. : $AB + BC + CD + DE + EA$ (fig. 18).

Toute droite qui joint deux sommets non consécutifs d'un polygone est une *diagonale.* Ex. : *AC* (fig. 18).

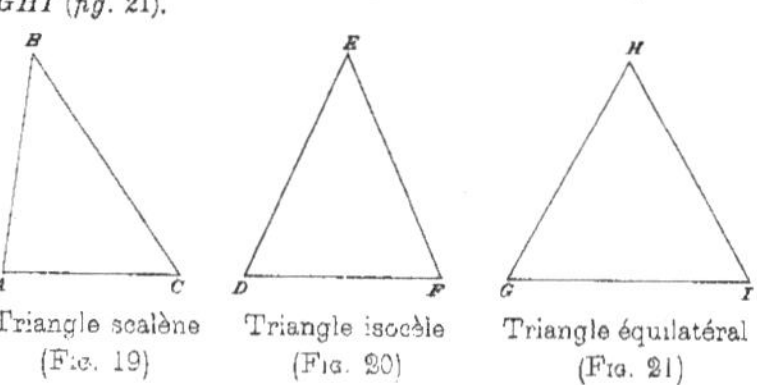

Polygone (Fig. 18)

31. — On appelle respectivement *triangle, quadrilatère, pentagone, hexagone, octogone, décagone,...* des polygones de 3, 4, 5, 6, 8, 10 côtés.

32. — **Triangles.** — On appelle *triangle* un polygone de trois côtés. — Il y a trois sortes de triangles :

1° Le triangle *scalène* dont les trois côtés sont inégaux. Ex. : *ABC* (fig. 19).

2° Le triangle *isocèle* qui a deux côtés égaux. Ex. : *DEF* (fig. 20).

3° Le triangle *équilatéral* qui a ses trois côtés égaux. Ex. : *GHI* (fig. 21).

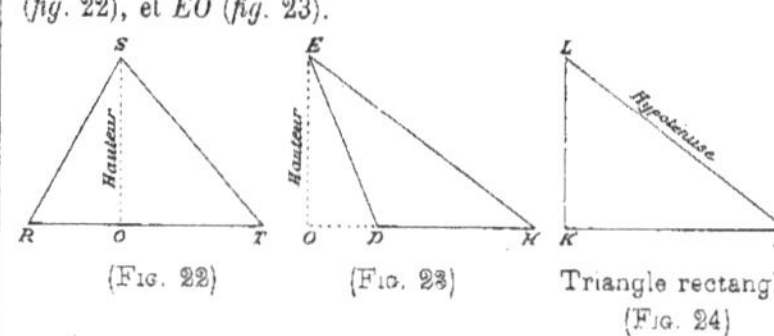

Triangle scalène
(Fig. 19)

Triangle isocèle
(Fig. 20)

Triangle équilatéral
(Fig. 21)

33. — Dans un triangle on peut prendre pour *base* un côté quelconque. Ex. : *RT* (fig. 22).

34. — La *hauteur* d'un triangle est la perpendiculaire abaissée du sommet opposé sur la base ou sur son prolongement. Ex. : *SO* (fig. 22), et *EO* (fig. 23).

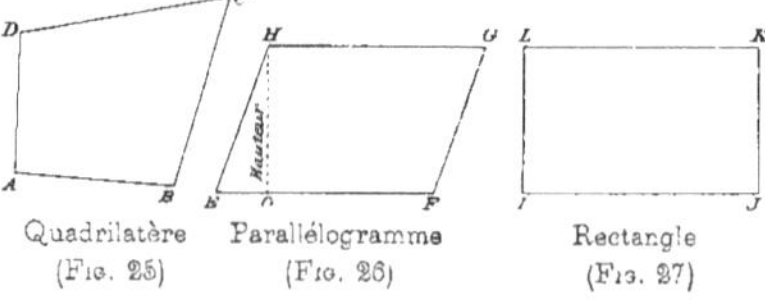

(Fig. 22)

(Fig. 23)

Triangle rectangle
(Fig. 24)

35. — On donne le nom de *triangle rectangle* à tout triangle dont l'un des angles est droit. Ex. : *KLM* (fig. 24).

Le côté opposé à l'angle droit s'appelle *hypoténuse.*

36. — **Quadrilatères.** — Le *quadrilatère* est un polygone de quatre côtés. Ex. : *ABCD* (fig. 25).

37. — Parmi les quadrilatères on distingue :

1° Le *parallélogramme* dont les côtés opposés sont parallèles et égaux. Ex. : *EFGH* (fig. 26).

2° Le *rectangle*, ou parallélogramme dont les angles sont droits. Ex. : *IJKL* (fig. 27).

Quadrilatère
(Fig. 25)

Parallélogramme
(Fig. 26)

Rectangle
(Fig. 27)

3° Le *losange*, ou parallélogramme dont les côtés sont égaux. Ex. : *RSTU* (*fig.* 28). — Les diagonales d'un losange se coupent à angles droits.

4° Le *carré*, ou parallélogramme dont les côtés sont égaux et les angles droits. Ex. : *ABCD* (*fig.* 29).

5° Le *trapèze* est un quadrilatère dont deux côtés seulement sont parallèles. — Ex. : *MNOP* (*fig.* 30) et *ABCD* (*fig.* 31). — Les deux côtés parallèles sont les *bases* du trapèze. Ex. : *MN* et *PO* (*fig.* 30).

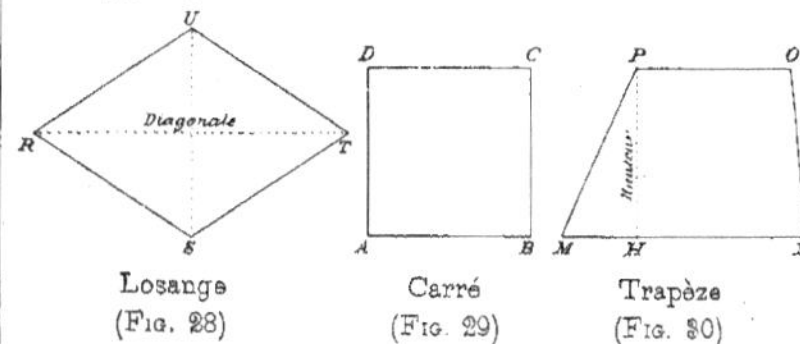

Losange
(Fig. 28)

Carré
(Fig. 29)

Trapèze
(Fig. 30)

38. — Un trapèze est dit *isocèle* ou *symétrique* lorsque ses deux côtés non parallèles *FI* et *GH* (*fig.* 32) sont égaux.

39. — Un trapèze est dit *rectangle* quand l'un des côtés non parallèles *JM* (*fig.* 33) est *perpendiculaire* aux bases.

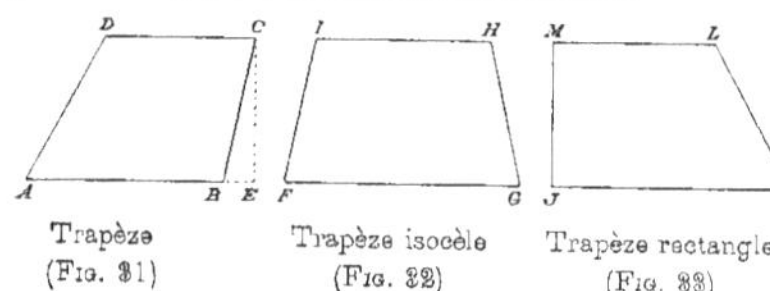

Trapèze
(Fig. 31)

Trapèze isocèle
(Fig. 32)

Trapèze rectangle
(Fig. 33)

40. — Dans les *parallélogrammes* et les *trapèzes*, la hauteur est mesurée par la perpendiculaire menée entre les deux bases. Ex. : *HO* (*fig.* 26), *PH* (*fig.* 30), *CE* (*fig.* 31) et *MJ* (*fig.* 33).

Polygones réguliers.

41. — Un polygone est *régulier* lorsqu'il a ses côtés égaux et ses angles égaux. Ex. : *ABCDEF* (*fig.* 34).

42. — Le *centre* d'un polygone régulier est également distant des sommets du polygone.

43. — Le *rayon* d'un polygone est la ligne menée du centre à l'un des sommets du polygone. Ex. : *OB* (*fig.* 34).

44. — L'*apothème* est la perpendiculaire abaissée du centre sur un des côtés du polygone. Ex. : *OR* (*fig.* 34).

45. — Un polygone est *inscrit* dans une circonférence lorsque tous ses sommets sont sur cette circonférence. Ex. : *ABCDE* (*fig.* 35).

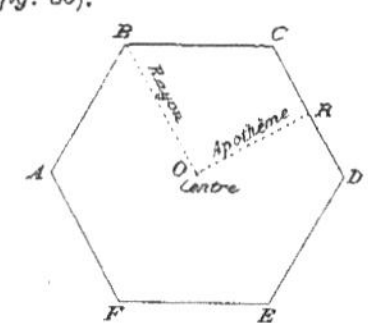

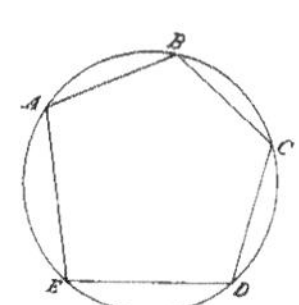

Polygone régulier (Fig. 34)   Polygone inscrit (Fig. 35)

46. — Un polygone est *circonscrit* à une circonférence lorsque tous ses côtés sont tangents à cette circonférence. Ex. : *FGHI* (*fig.* 36).

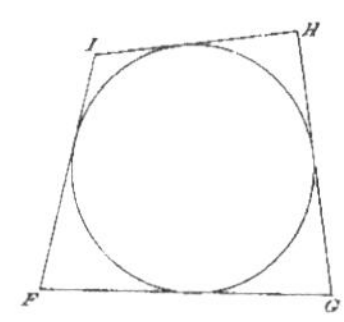

Polygone circonscrit (Fig. 36)

(Voir les Instructions générales sur la couverture.)

Tracé des Directrices. — Des quatre coins *A*, *B*, *C*, *D*, de la page, décrire des arcs qui se coupent aux points *E* et *F*. Des points *E* et *F* comme centres, décrire deux nouveaux arcs qui se coupent aux points *G* et *H*. Les perpendiculaires *EF* et *GH* sont les directrices.

Tracé du Cadre. — Des points *E* et *F* comme centres et avec un rayon déterminé, décrire les arcs *I*, *J*, *K*, *L*. Des points *G* et *H*, et avec un autre rayon déterminé, décrire les autres arcs *M*, *N*, *O*, *P*. Les tangentes à ces arcs forment le cadre. — Voir la figure ci-contre.

Le cadre se trace généralement en traits faibles,

Ordre a suivre dans l'exécution d'un Dessin :

1° Tracer au crayon les deux directrices et le cadre. — 2° tracer au crayon le dessin à reproduire. — 3° passer à l'encre. — 4° écrire le titre principal et les titres secondaires.

Le lavis est facultatif. — Les couleurs usuelles sont : la *gomme gutte*, le *carmin* (ou à défaut la laque carminée), le *bleu de Prusse*, la *terre de Sienne* et l'*encre de Chine*.

On appelle croquis coté d'un objet la représentation à main levée et à vue de cet objet, avec les cotes ou chiffres qui en indiquent les dimensions réelles.

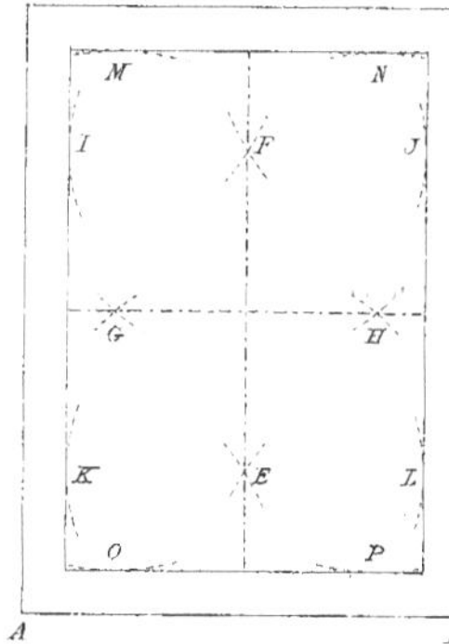

Cahier de reproduction. — *Dimensions du cadre :* longueur, 0m27 ; largeur, 0m20.

Les échelles de reproduction indiquées dans ce cahier sont calculées d'après ces dimensions.

ABCDEFGHIJKLMNOPQRSTUVXYZ

EXPLICATION DU TRACÉ GÉOMÉTRIQUE[1]

1er Problème. — *Élever une perpendiculaire au milieu d'une droite AB.*

Des points *A* et *B*, comme centres, et avec une ouverture de compas plus grande que la moitié de *AB*, décrire des arcs de cercle qui se coupent en *C* et en *D*. La droite *CD* est la perpendiculaire demandée.

2e Problème. — *Par un point P pris sur une droite AB, élever une perpendiculaire à cette droite.*

Du point *P* avec une ouverture de compas arbitraire, tracer deux arcs qui coupent la ligne donnée aux points *C* et *D*. De chacun de ces points avec une ouverture de compas plus grande que la première, décrire deux nouveaux arcs qui se coupent en *E*. La droite *EP* est la perpendiculaire demandée.

On peut aussi se servir de l'équerre pour élever la perpendiculaire. (Voir la couverture du cahier.)

3e Problème. — *Élever une perpendiculaire à l'extrémité B d'une droite AB.*

D'un point quelconque *C*, comme centre, avec *CB* pour rayon, décrire une circonférence qui coupe *AB* en un point *D*. Mener le diamètre *DCE* et la droite *BE*. Cette dernière ligne est la perpendiculaire demandée.

On peut se servir de l'équerre.

4e Problème. — *D'un point P pris hors d'une droite AB, abaisser une perpendiculaire sur cette droite.*

Du point donné *P*, comme centre, décrire un arc qui coupe la droite *AB* en deux points *C* et *D*. De chacun de ces points, avec un même rayon, décrire des arcs qui se coupent en *E*. La droite *PE* est la perpendiculaire demandée.

On peut également employer l'équerre.

5e Problème. — *Mener une parallèle à une droite AB.*
1° *A une distance donnée.* — 2° *Par un point donné I.*
1° Des deux points *M* et *N*, comme centres, pris à volonté sur *AB*, et avec un rayon égal à la distance donnée, décrire deux arcs. La tangente *CD* aux deux arcs sera la parallèle demandée.

2° D'un point quelconque *O* pris sur la droite *AB*, décrire la demi-circonférence *EIJF* passant au point donné *I*. Prendre la corde de l'arc *EI* et la porter de *F* en *J*. La ligne *CIJD* est la parallèle demandée.

On peut employer l'équerre. (Voir la couverture du cahier.)
Notre Géométrie pratique donne un autre procédé.

6e Problème. — *Diviser une droite AB en 2, 4, ... parties égales, et une droite CD en 5, 7, ... parties égales.*

1° Pour diviser *AB* en deux parties égales, il suffit d'élever une perpendiculaire sur le milieu de cette droite (*problème 1*); le pied *O* de cette perpendiculaire divise la droite *AB* en deux parties égales. Opérant sur chaque moitié comme sur la ligne entière, la droite se trouve divisée en 4 parties égales, et ainsi de suite.

2° Tracer une ligne indéfinie *CH* faisant avec *CD* un angle quelconque. Porter cinq fois sur *CH* une longueur arbitraire, et joindre le dernier point de division *E* au point *D*. Par les autres points de division de *CH*, mener, avec la règle et l'équerre, des parallèles à *ED*; ces parallèles divisent la droite *CD* en 5 parties égales.

En opérant d'une manière analogue, on diviserait la ligne donnée en 7 parties égales.

7e Problème. — *Construire sur une droite DE un angle égal à un angle donné BAC.*

Des points *A* et *D*, comme centres, avec un même rayon, décrire les arcs *GF* et *HI*. Prendre la corde de l'arc *GF*, et la porter de *H* en *J*. Joindre le point *D* au point *J*, l'angle *EDJ* est égal à l'angle donné.

Pour obtenir un angle égal à deux fois l'angle donné, il suffit de porter deux fois la corde de l'arc GF sur l'arc indéfini HI, et de joindre le point D au second point de division.

Pour résoudre ce problème au moyen du rapporteur, on mesure l'angle donné *BAC* (voir *définitions préliminaires, n° 29*), puis on place le centre du rapporteur au point *D*, et la ligne de foi dans la direction *DE*; à l'endroit précis de la division du limbe qui correspond à la valeur de l'angle mesuré, on marque sur le papier un point *J*. On trace *DJ*, et l'on a l'angle demandé.

8e Problème. — *Diviser un angle A en 2, 4, ... parties égales.*

Du sommet *A*, comme centre, avec un rayon arbitraire, décrire l'arc *BC*. Des points *B* et *C*, avec un rayon plus grand que la moitié de la corde de l'arc, décrire deux arcs qui se coupent en *D*. La droite *AD* est la bissectrice demandée.

Divisant les angles obtenus en 2 parties égales, l'angle total se trouve divisé en 4 parties égales.

9e Problème. — *Construire un triangle dont on connaît les trois côtés m, n, o.*

Sur une droite quelconque porter une longueur *AB* égale au côté *m*. Du point *A*, comme centre, avec *n* pour rayon, et du point *B* avec *o* pour rayon, décrire deux arcs de cercle qui se coupent en *C*. Mener *AC* et *BC*; *ABC* est le triangle demandé.

EXERCICES

1. — Tracer une droite *AB* de 0m 065 et élever une perpendiculaire au milieu de cette droite.

2. — Tracer une droite *AB* de 0m 055, et par un point pris à 0m 022 de l'extrémité *A* élever une perpendiculaire à la droite *AB*.

3. — Élever, avec le compas, une perpendiculaire à l'extrémité *B* d'une droite *BC* de 0m 06.

4. — Tracer une droite *CD* de 0m 07, prendre un point en dehors, et abaisser de ce point une perpendiculaire sur cette droite.

5. — Tracer une droite *AB* de 0m 05 et mener une parallèle distante de 0m 026 (*La parallèle sera menée avec la règle et l'équerre*).

6. — Diviser, à l'aide du compas, une droite *CD* de 0m 065 en 4, 8 parties égales.

7. — Construire des angles de 30° — 50° — 130°, et donner 0m 045 aux côtés.

8. — Diviser un angle de 75° en 4 parties égales.

9. — Construire un triangle ayant pour côtés 0m 04, — 0m 026 et 0m 035.

---

1. Avant de commencer le tracé géométrique, voir les définitions préliminaires, du n° 1 au n° 36.

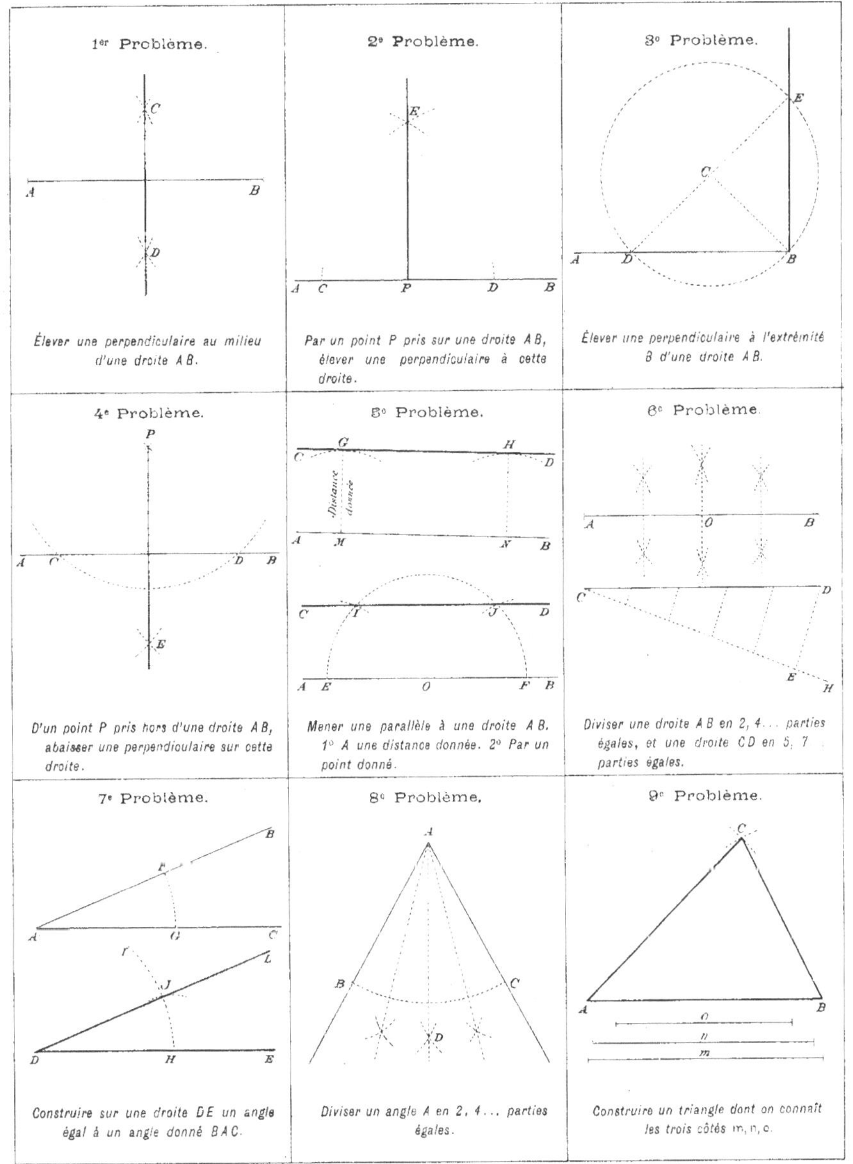

1er Problème.
2e Problème.
3e Problème.
C
A B
D
E
A C P D B
E
C
A D B
Élever une perpendiculaire au milieu
d'une droite A B.
Par un point P pris sur une droite A B,
élever une perpendiculaire à cette
droite.
Élever une perpendiculaire à l'extrémité
B d'une droite A B.
4e Problème.
5e Problème.
6e Problème.
P
A C D B
E
G H
C D
Distance donnée
A M N B
C I J D
A E O F B
A O B
C D
E H
D'un point P pris hors d'une droite A B,
abaisser une perpendiculaire sur cette
droite.
Mener une parallèle à une droite A B.
1° A une distance donnée. 2° Par un
point donné.
Diviser une droite A B en 2, 4... parties
égales, et une droite C D en 5, 7
parties égales.
7e Problème.
8e Problème.
9e Problème.
B
F
A O C
L
J
D H E
A
B C
D
C
A O B
n
m
Construire sur une droite D E un angle
égal à un angle donné B A C.
Diviser un angle A en 2, 4... parties
égales.
Construire un triangle dont on connaît
les trois côtés m, n, o.

EXPLICATION DU TRACÉ GÉOMÉTRIQUE[1] *(suite)*

10ᵉ Problème. — *Construire un triangle équilatéral dont on connaît le côté* m.

Porter une longueur *AB* égale au côté donné *m*. Des points *A* et *B*, comme centres, avec un rayon égal à *m*, décrire deux arcs de cercle qui se coupent au point *C*. Joindre le point *C* aux points *A* et *B* ; *ABC* est le triangle demandé.

Pour la construction des autres triangles, voir notre Géométrie pratique.

11ᵉ Problème. — *Construire un carré dont on connaît le côté* b.

Tracer *AB* égale au côté donné *b* ; du point *A* comme centre, avec un rayon arbitraire, décrire un arc indéfini, puis, à partir de *E*, porter deux fois sur cet arc la longueur de son rayon. Des points *F* et *G*, décrire deux arcs qui se coupent en *O*, mener *AOC* égale à *b*, cette droite est perpendiculaire à *AB*. Des points *C* et *B*, avec un rayon égal à *b*, décrire deux arcs qui se coupent en *D* et joindre les points *C* et *B* au point *D*. *ABCD* est le carré demandé.

On peut aussi employer, pour élever la perpendiculaire AC, le procédé indiqué au problème 3. On peut également se servir de l'équerre.

12ᵉ Problème. — *Construire un parallélogramme dont on connaît les deux côtés adjacents* m *et* n, *et l'angle* o *compris entre ces deux côtés* (110°).

Tracer *AB* égale au côté *m* ; faire en *B* un angle égal à l'angle *o* (110°), et porter la longueur *n* de *B* en *D*. Du point *D*, avec un rayon égal à *m*, et du point *A*, avec un rayon égal à *n*, décrire deux arcs qui se coupent en *C*. Joignant le point *C* aux points *A* et *D*, on a le parallélogramme demandé.

L'angle o (110°) peut se faire avec le rapporteur ou avec le compas (voir problème 7).

13ᵉ Problème. — *Construire un losange dont on connaît les deux diagonales* a *et* b.

Tracer *AB* égale à la diagonale *a* ; élever une perpendiculaire au milieu de *AB*, et porter la moitié de la diagonale *b* de *O* en *C* et de *O* en *D*. Joignant les points *C* et *D* aux points *A* et *B*, on a le losange demandé.

Voir une autre construction du losange dans notre Géométrie pratique.

14ᵉ Problème. — *Construire un trapèze isocèle dont on connaît les deux bases* m *et* n, *et la hauteur* h.

Tracer *AB* égale à la grande base *m*, élever une perpendiculaire au milieu de *AB*, et porter sur cette perpendiculaire la hauteur *h* de *O* en *P*. Par le point *P*, mener une parallèle à *AB* (problème 5), et porter la moitié de la petite base *n* de *P* en *C* et de *P* en *D*. Joindre les points *A* et *C*, *B* et *D*, on aura le trapèze demandé.

Pour la construction des autres trapèzes voir notre Géométrie pratique.

15ᵉ Problème. — *Diviser une circonférence en 2, 4, 8 parties égales, et inscrire un carré et un octogone régulier.*

Tracer le diamètre *AC* qui divise la circonférence en 2 parties égales et élever, en son milieu, la perpendiculaire *BD* ; la circon-férence sera alors divisée en 4 parties égales. Joignant les points de division, on a le carré inscrit *ABCD*. Pour diviser la circonfé-rence en 8 parties égales, il suffit de partager chacun des arcs *AB*, *BC*, *CD*, *DA*, en deux parties égales. Joignant les points de divi-sion, on obtient l'octogone inscrit.

16ᵉ Problème. — *Diviser une circonférence en 3, 6, 12 par-ties égales, et inscrire un triangle équilatéral et un hexagone régulier.*

En portant six fois le rayon sur la circonférence, on la divise en six parties égales. Joignant les points de division, on a l'hexagone régulier inscrit *ABCDEF*.

Si on joint les points de division de deux en deux, on obtient le triangle équilatéral *ACE*.

En partageant chaque sixième en deux, la circonférence se trouve divisée en 12 parties égales.

17ᵉ Problème. — *Inscrire un octogone régulier dans un carré.*

Mener les diagonales *AD* et *BC* du carré. Des sommets du carré, avec la demi-diagonale *AO* pour rayon, décrire des arcs de cercle ; ces arcs coupent les côtés du carré aux points *E*, *I*, *M*, *N*, *J*, *F*, *L*, *P* qui sont les sommets de l'octogone inscrit.

18ᵉ Problème. — *Diviser une circonférence en 5, 10 par-ties égales et inscrire un pentagone régulier et un décagone ré-gulier.*

Mener le diamètre *AD* et le rayon perpendiculaire *OF*. Du point *E*, milieu de *OD*, avec un rayon égal à *EF*, décrire l'arc *FG*. De même, du point *F* comme centre, décrire l'arc *GH*. La distance rectiligne *FH* est le cinquième de la circonférence et *GO* en est le dixième. Si l'on joint les points de division on a les deux polygones réguliers inscrits.

EXERCICES

1. — Construire un triangle équilatéral ayant pour côté 0ᵐ 062.

2. — Construire un carré ayant pour côté 0ᵐ 06.

3. — Construire un parallélogramme dont deux côtés adja-cents sont de 0ᵐ 050 et de 0ᵐ 065, l'angle que forment ces côtés étant de 120°.

4. — Construire un losange dont les diagonales sont de 0ᵐ 068 et 0ᵐ 045.

5. — Construire un trapèze isocèle dont les bases sont de 0ᵐ 07 et 0ᵐ 04, et la hauteur 0ᵐ 035.

6. — Décrire une circonférence de 0ᵐ 03 de rayon et la divi-ser en 3, 6, 12 parties égales. Inscrire les polygones régu-liers correspondants.

7. — Diviser une circonférence de 0ᵐ 035 de rayon en 8 par-ties égales, et inscrire l'octogone régulier.

8. — Dans un carré de 0ᵐ 06 de côté, inscrire un octogone régulier.

9. — Tracer une circonférence avec un rayon de 0ᵐ 04 et la diviser en 5, 10 parties égales. Inscrire les polygones réguliers.

---

1. Voir la suite des définitions préliminaires.

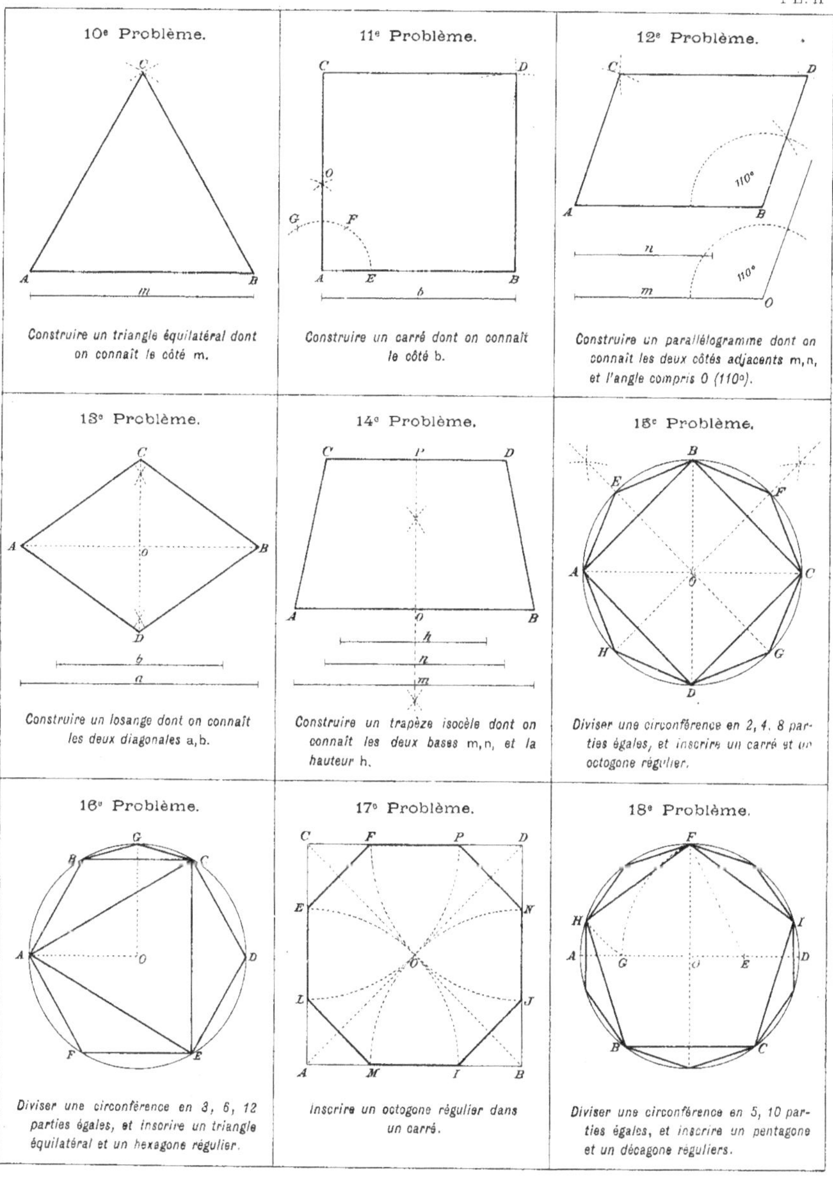

10ᵉ Problème.

Construire un triangle équilatéral dont on connaît le côté m.

11ᵉ Problème.

Construire un carré dont on connaît le côté b.

12ᵉ Problème.

Construire un parallélogramme dont on connaît les deux côtés adjacents m,n, et l'angle compris 0 (110°).

13ᵉ Problème.

Construire un losange dont on connaît les deux diagonales a,b.

14ᵉ Problème.

Construire un trapèze isocèle dont on connaît les deux bases m,n, et la hauteur h.

15ᵉ Problème.

Diviser une circonférence en 2, 4. 8 parties égales, et inscrire un carré et un octogone régulier.

16ᵉ Problème.

Diviser une circonférence en 3, 6, 12 parties égales, et inscrire un triangle équilatéral et un hexagone régulier.

17ᵉ Problème.

Inscrire un octogone régulier dans un carré.

18ᵉ Problème.

Diviser une circonférence en 5, 10 parties égales, et inscrire un pentagone et un décagone réguliers.

PL. II. — Tracer le cadre et les divisions de la feuille. — Avant de passer les circonférences à l'encre, s'exercer à en tracer sur feuille volante. Le tracé de la circonférence se fait d'un mouvement continu : il faut avoir soin de s'arrêter exactement au point de départ, ou bien un peu avant : le raccord dans ce dernier cas se fait avec une plume fine. — En passant les courbes à l'encre, il est bon quelquefois de plier le genou du compas, afin que les deux lames portent également sur le papier. — Éviter d'appuyer trop sur la pointe sèche pour ne pas percer le papier.

Échelle de réduction.

Il est assez rare qu'on ait à représenter les objets sur le papier en *vraie grandeur*. On convient alors de réduire *proportionnellement* toutes les dimensions, de manière à obtenir une figure *semblable* à celle de l'objet. Si, par exemple, on réduit *au dixième*, c'est-à-dire si l'on porte sur le papier des longueurs *dix fois plus petites* que les longueurs réelles, on dit que le dessin est fait à l'échelle de 1/10.

En général, pour déterminer l'échelle convenable à l'exécution d'un dessin, il suffit de diviser la longueur de la *plus grande dimension* à donner au dessin sur le papier par la *plus grande dimension* de l'objet.

Exemple. — Sur une feuille de papier de 0m 30 dans sa plus grande dimension, on veut représenter une maison de 10 mètres de longueur, sa hauteur étant moindre; on réserve à chaque extrémité de la feuille 0m 04 pour les marges. Déterminer l'échelle.

Longueur à donner au dessin :

$$0^m 30 - (0^m 04 + 0^m 04) = 0^m 22$$

$$\text{Échelle} : \frac{0.22}{10} = \frac{22}{1\,000} = 0,022\dots \text{ Soit } 0^m 02 \text{ pour mètre.}$$

Construction de l'échelle. — Sur une ligne indéfinie, porter un certain nombre de longueurs égales à 2 centimètres, de manière à pouvoir prendre sur l'échelle la *plus grande dimension de l'objet*, chacune de ces longueurs représentera 1 mètre. Diviser la 1re longueur en 10 parties égales, chacune des divisions représentera 1 *décimètre* ou 10 *centimètres*. Numéroter comme l'indique la figure ci-dessous.

Lorsque les cotes d'un dessin sont petites et nombreuses, on peut faire usage de l'*échelle mobile* : elle se construit sur le bord bien rectiligne d'une bande de papier; cette échelle permet de porter sans le secours du compas toutes les cotes d'un dessin.

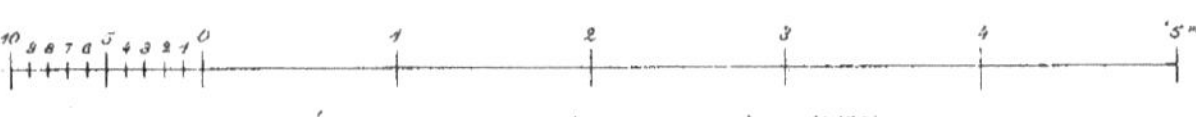

Échelle de 2 centimètres pour mètre (1/50).

Soit à prendre sur cette échelle 3m 50. — Poser l'une des pointes du compas à la division marquée 3m, et l'autre à la division 5 décimètres ou 50 centimètres qui se trouve à gauche du zéro. L'intervalle compris entre les deux pointes du compas est la distance cherchée.

Une longueur de 0m 75, se prend en posant l'une des pointes du compas à la division marquée 0, et l'autre au milieu de l'espace compris entre les divisions 7 et 8 à gauche du zéro.

Traits de force.

Le moyen conventionnel adopté dans le dessin linéaire pour exprimer le relief des objets est l'emploi des *traits faibles* et des *traits forts*. Le foyer lumineux (le soleil) étant infiniment éloigné, tous les rayons lumineux peuvent être considérés comme parallèles entre eux. On suppose que les rayons lumineux qui éclairent les corps se dirigent de *haut en bas*, de *gauche à droite*, d'*avant en arrière*, en formant avec les lignes horizontales et les lignes verticales des angles de 45°.

Les arêtes communes à deux surfaces éclairées sont représentées par des *traits faibles*. — Les arêtes communes à une surface éclairée et à une surface ombrée, ou à deux surfaces ombrées sont représentées par des *traits forts*.

Nous indiquons la direction des rayons lumineux par des flèches. — *Au 3e cahier, nous compléterons cette théorie des traits faibles et des traits forts.*

Arêtes horizontales et verticales.

Arêtes obliques à 45°

Arêtes au-dessous de 45°.

Arêtes circulaires.

CARRELAGES

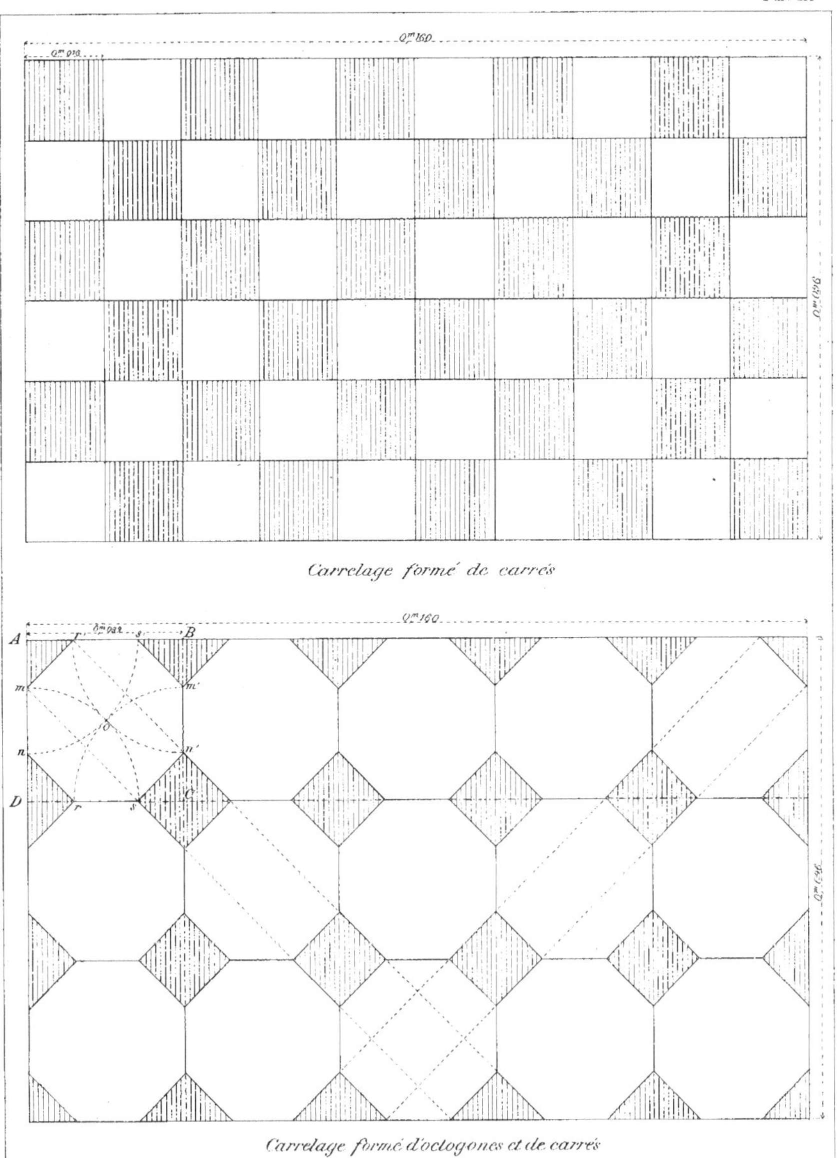

Carrelage formé de carrés

Carrelage formé d'octogones et de carrés

Pl. III. — Tracé du 2ᵉ carrelage : 1ᵉ Construire un rectangle de 0ᵐ 160 de base et 0ᵐ 095 de hauteur. Diviser la base du rectangle en 5 parties égales, en 3 sa hauteur, et par les points de division mener des parallèles. On forme ainsi une série de carrés. — 2ᵉ Construire un octogone dans le 1ᵉʳ carré (*Problème 17, planche II*); la longueur m'B qui est égale à n'C, à sC, à mA, etc., est la demi-diagonale des petits carrés. Portant cette demi-diagonale sur chacun des côtés des carrés, à partir du point d'intersection des parallèles, on obtient les sommets des petits carrés. La construction s'achève ensuite sans difficulté.

On peut remplacer les hachures des carrés par une *teinte claire* d'encre de Chine.

PORTE

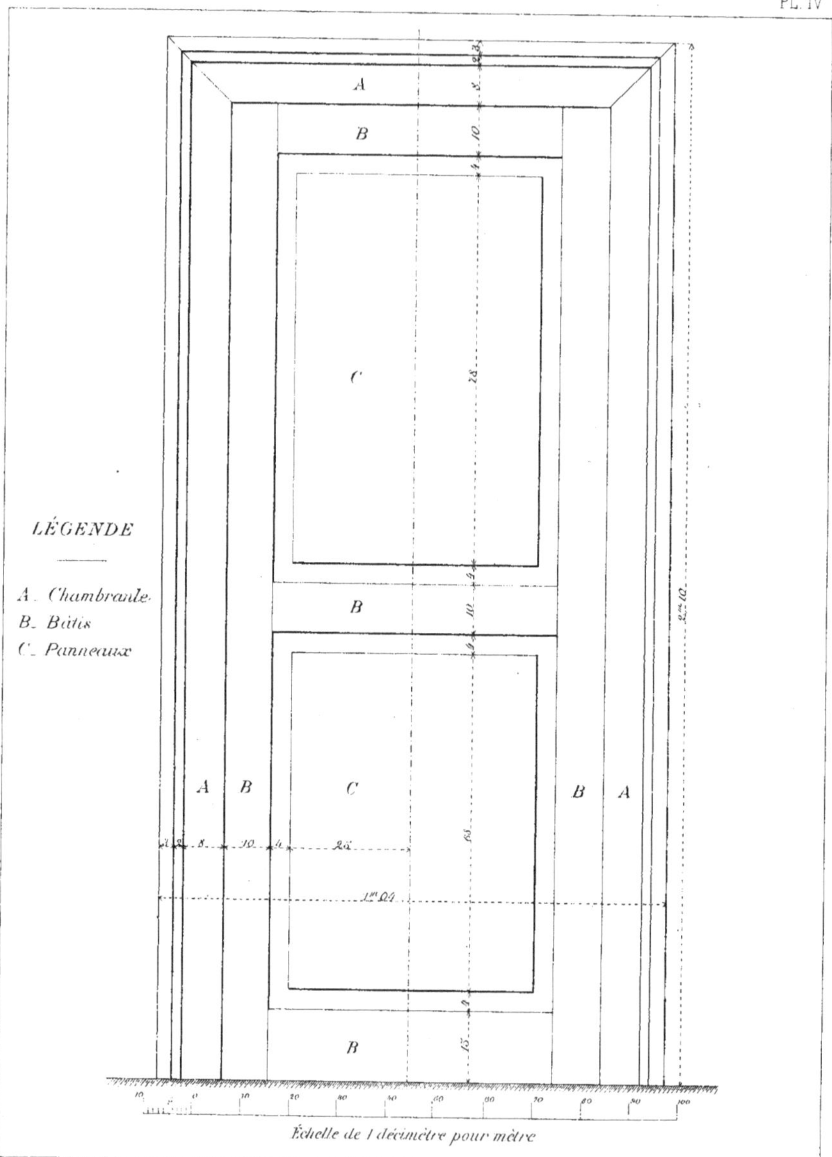

PL. IV. — Tracer les directrices et le cadre. — Reproduire cette porte à l'échelle de 0ᵐ 1 pour mètre, en se servant des *cotes indiquées*, et non en prenant les mesures au compas sur le modèle. Le double décimètre peut servir d'échelle. — Porter toutes les cotes de *largeur* sur la directrice horizontale, et mener avec *l'équerre* des parallèles verticales ; sur la directrice verticale toutes les cotes de *hauteur*, et mener avec *l'équerre* des parallèles horizontales. — Les cotes ne doivent pas être portées *isolément*, mais par *additions successives*, soit en hauteur soit en largeur, à partir d'un *point fixe*.

Application. — S'exercer à faire le croquis d'une porte simple, à *main levée* et à *l'œil* ; le coter exactement.

PORTE

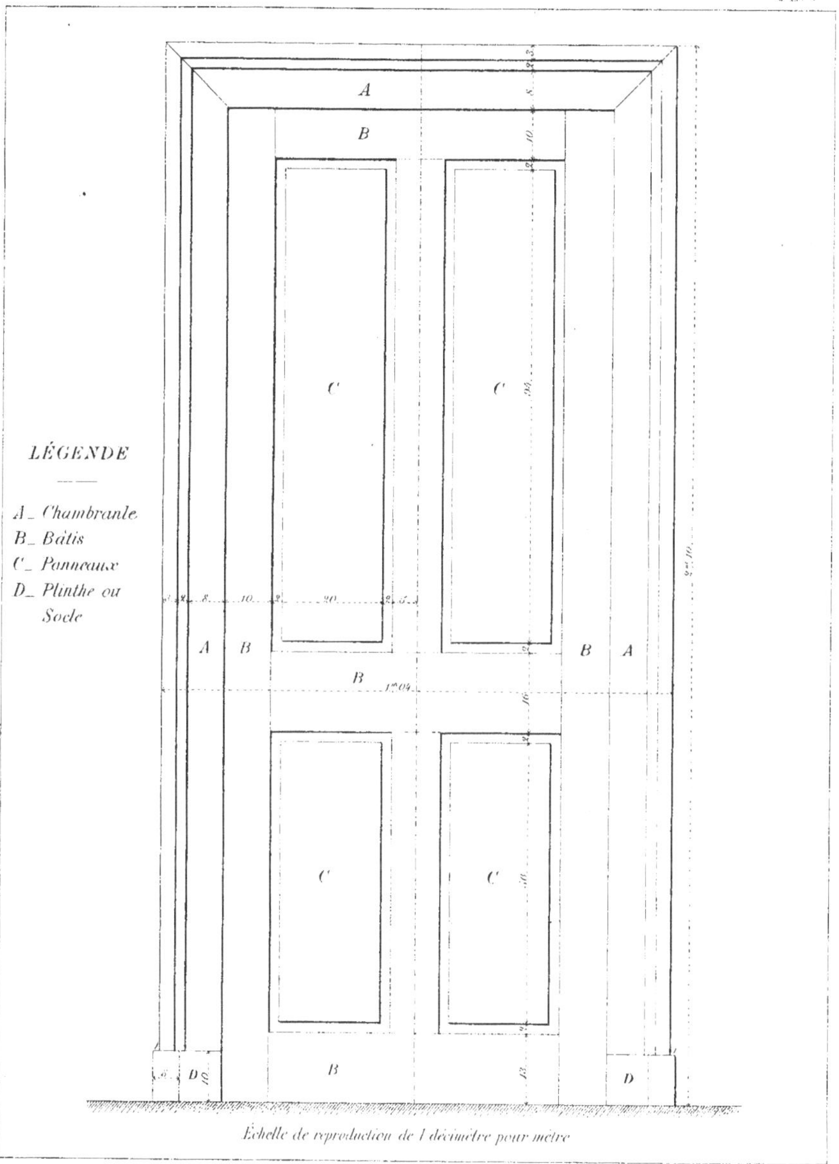

Échelle de reproduction de 1 décimètre pour mètre

PL. V. — Pour le tracé de cette porte se conformer aux indications de la planche précédente. — Dans le tracé à l'encre commence par les traits faibles, et mener de suite toutes les lignes de même sens.

Application. — Faire le croquis coté d'une porte simple, et le reproduire ensuite à l'échelle de 1 décimètre pour mètre (1/10). — Les premiers élèves de la division peuvent passer une teinte claire de *terre de Sienne* sur tout le dessin, puis appliquer une seconde fois la *même teinte* sur les panneaux.

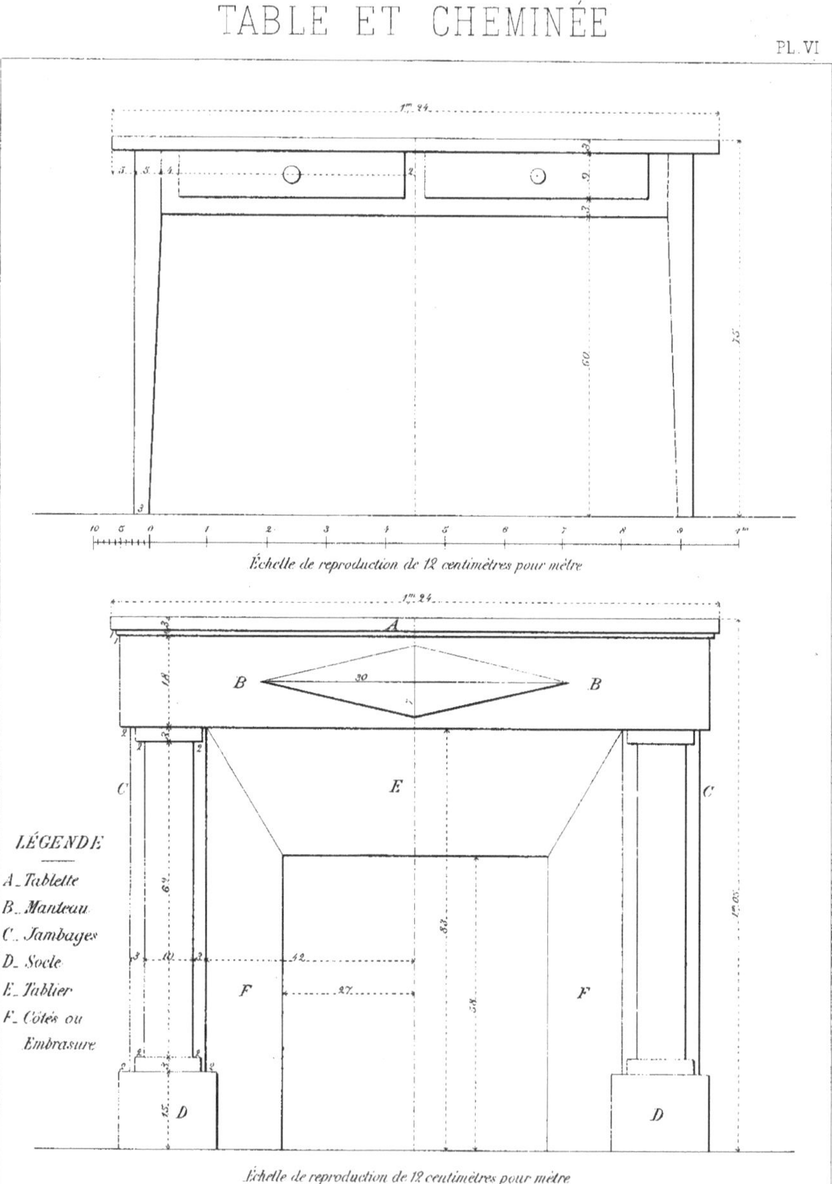

Pl. VI. — Remarquer que les lignes extérieures les pieds de la table sont *verticales*, et les lignes intérieures *obliques*, mais seulement à partir de la ligne inférieure de la traverse.

Application. — Dessiner une petite table ou une cheminée d'après nature (Faire d'abord le croquis, le coter exactement, puis déterminer l'échelle; voir échelle de réduction page 8).

BUREAU ET TABLE DE CLASSE

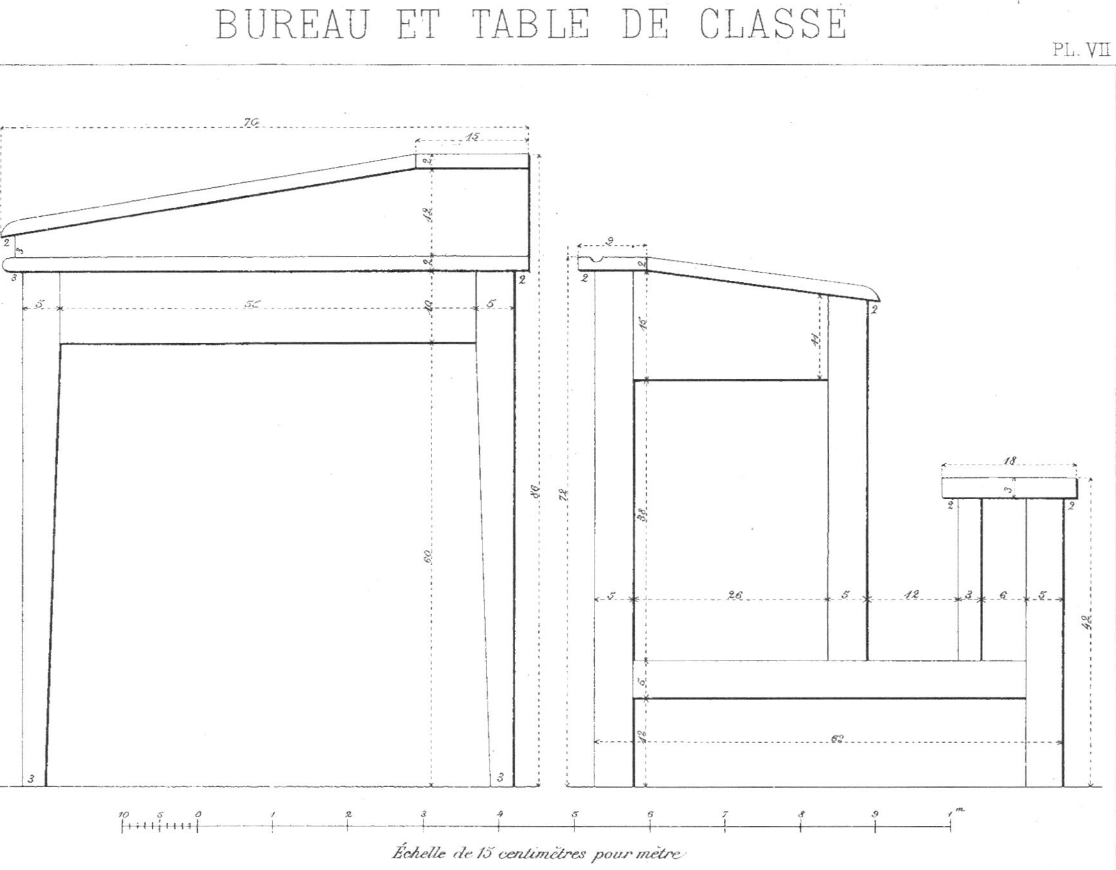

Échelle de 15 centimètres pour mètre

Pl. VII. — Reproduire les deux sujets de cette planche à l'échelle indiquée, mais en se servant des cotes et non en prenant des mesures avec le compas sur le modèle.
— Les petites parties courbes seront passées à l'encre avec une plume fine.
Application. — Dessiner d'après nature une table de classe (vue de côté), à l'échelle de 2 décimètres pour mètre. — Le double décimètre peut servir d'échelle. —
On peut appliquer un mélange de terre de Sienne et de gomme-gutte sur le tout.

CROISÉE

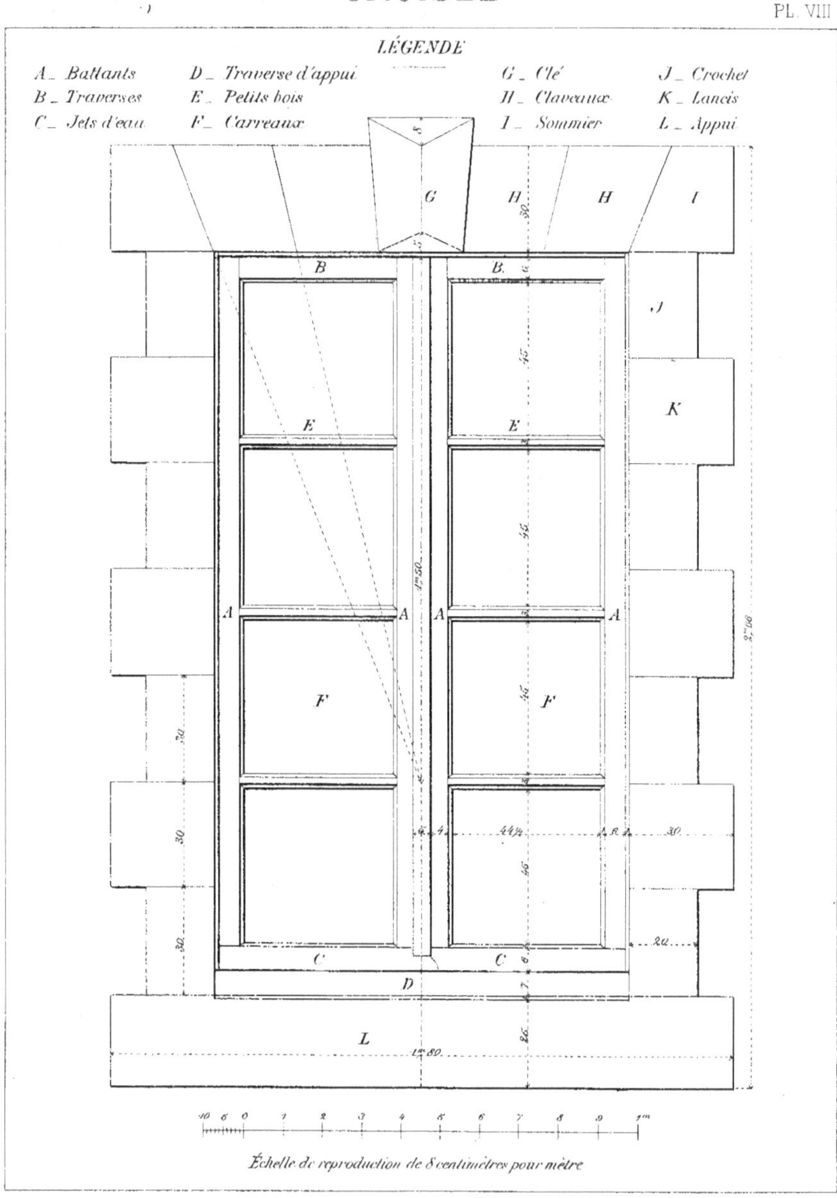

Pl. VIII. — **Application.** — Faire le croquis coté d'une croisée (vue intérieure), et le reproduire à l'échelle de 1/10. — Le dessin achevé, passer une *teinte claire* de bleu de Prusse sur les carreaux; — de terre de Sienne sur les battants, traverses et petits bois.

CROISÉE A IMPOSTE

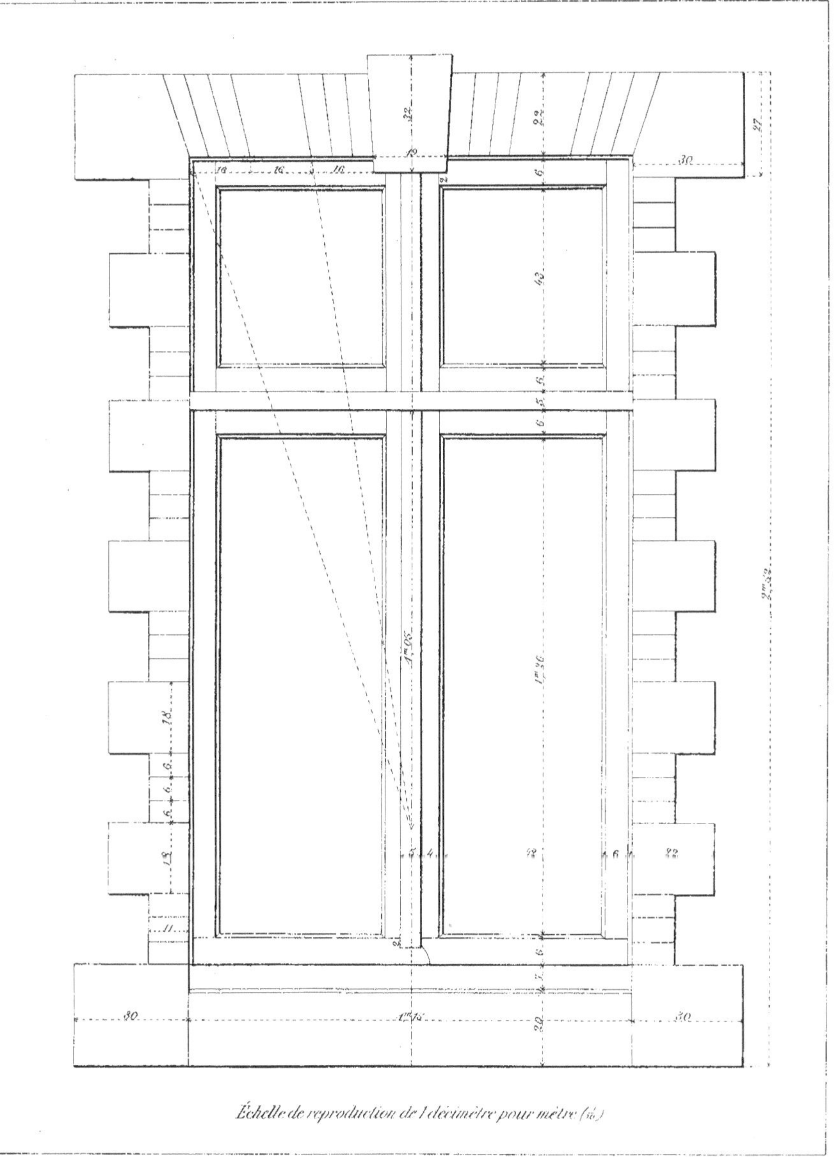

Échelle de reproduction de 1 décimètre pour mètre (1/10)

PL. IX. — On peut appliquer un mélange de *carmin* et de *terre de Sienne* sur les briques du chambranle (encadrement) de la croisée ; — un mélange de *terre de Sienne* et de *gomme-gutte* sur les pierres de taille ; — pour les couleurs à appliquer sur les différentes parties de la croisée voir les indications de la planche précédente.
Application. — Représenter *d'après nature* une croisée vue de l'extérieur, à l'échelle de 1/10.

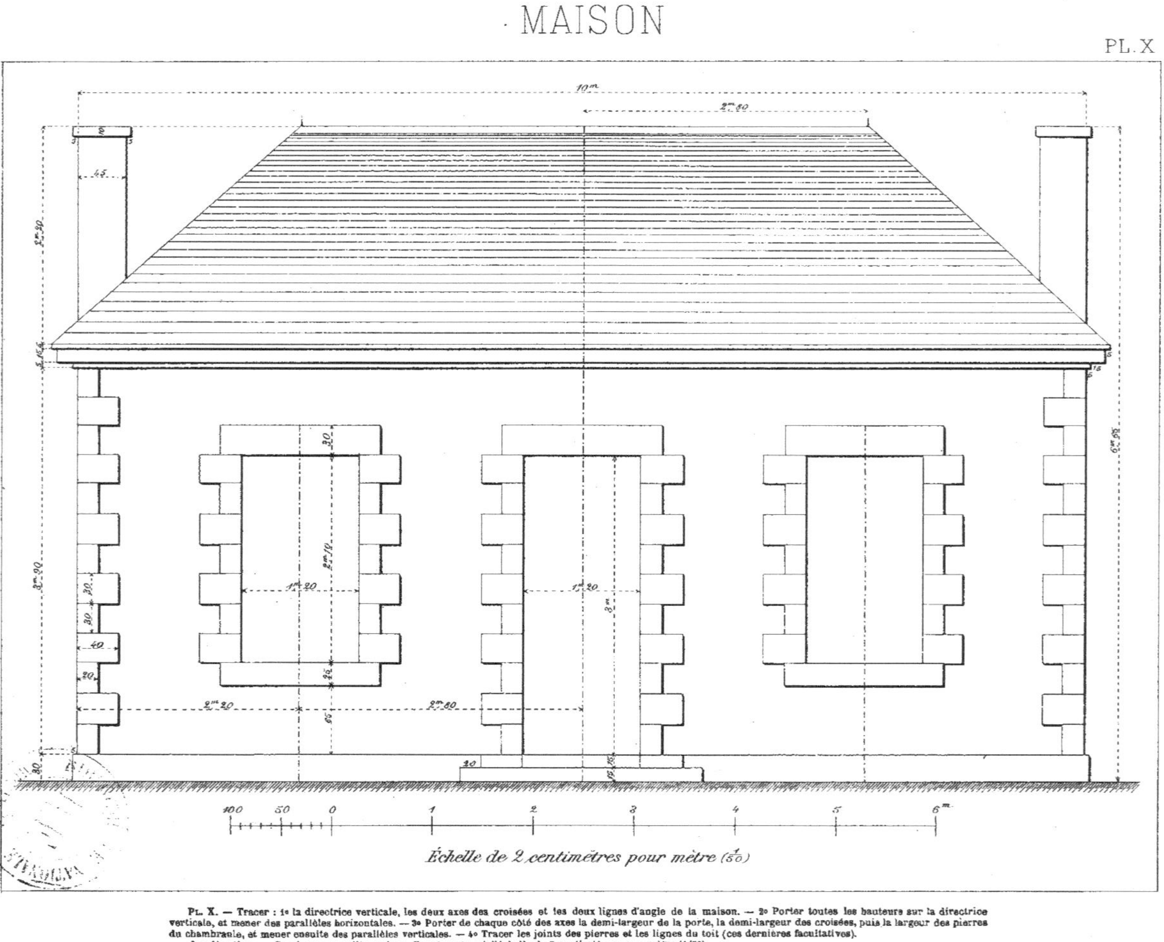

Pl. X. — Tracer : 1° la directrice verticale, les deux axes des croisées et les deux lignes d'angle de la maison. — 2° Porter toutes les hauteurs sur la directrice verticale, et mener des parallèles horizontales. — 3° Porter de chaque côté des axes la demi-largeur de la porte, la demi-largeur des croisées, puis la largeur des pierres du chambranle, et mener ensuite des parallèles verticales. — 4° Tracer les joints des pierres et les lignes du toit (ces dernières facultatives).

Application. — Dessiner une petite maison d'après nature à l'échelle de 2 centimètres pour mètre (1/50).

INSTRUCTIONS GÉNÉRALES

Les instruments et objets nécessaires au dessinateur sont : *règle plate, équerre, compas, tire-ligne, double décimètre, rapporteur, crayon mine de plomb, encre de Chine, godet en porcelaine, gomme élastique, pinceau double, quelques pains de couleur.*

On peut joindre à ce matériel une *planchette* et un *té.*

Règle plate. — La *règle plate* est une étroite planchette en bois, dont on se sert pour tracer des lignes droites.

Pour s'assurer de la *rectitude* d'une règle, on trace une première ligne *AC*, puis on retourne la règle en la faisant mouvoir autour de la ligne tracée comme axe. On mène une seconde ligne qui doit se confondre avec la première si la règle est *juste.*

Vérification de la Règle

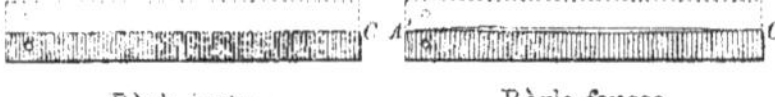

Règle juste   Règle fausse

Équerre. — L'*équerre* est une planchette en bois, coupée en forme de triangle rectangle. On l'utilise pour mener des *parallèles* et des *perpendiculaires.*

Pour *vérifier* une équerre, on applique un des côtés de l'angle droit de l'équerre contre une règle *AB*, et l'on trace une ligne *cd* le long de l'autre côté. Sans déranger la règle on fait tourner l'équerre autour de la ligne *cd*, et l'on trace une seconde ligne qui doit se confondre avec la première si l'équerre est *juste.*

Vérification de l'Équerre

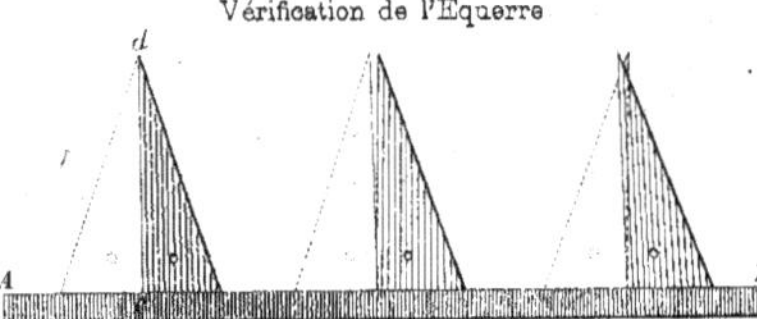

Équerre juste   Équerres fausses

Tracé des parallèles. — Pour tracer *à l'aide de l'équerre* des parallèles à une droite donnée *AB*, on applique sur cette ligne l'un des côtés de l'angle droit de l'équerre ; on place ensuite la règle contre l'autre côté en la maintenant fixe. Il suffit alors de faire glisser l'équerre le long de son appui, et de tracer successivement les lignes *a, b, c, d,* qui sont les parallèles demandées.

Tracé des parallèles

Tracé des perpendiculaires. — Pour mener à l'aide de l'équerre des perpendiculaires à une droite donnée *BC*, on applique une règle sur la ligne donnée, et on fait glisser le petit côté de l'équerre le long de cette règle en traçant les lignes *b, c, d, e, f,* qui sont les perpendiculaires demandées.

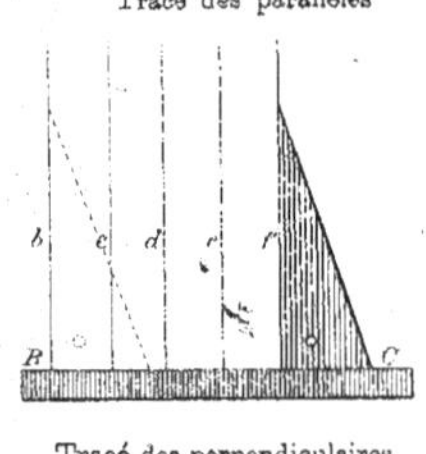

Tracé des perpendiculaires

Compas. — Le *compas* est un instrument formé de deux branches, ordinairement en métal, assemblées à un bout par un axe autour duquel elles peuvent tourner à frottement doux. Cet instrument est appelé *compas à pointes sèches*, si les branches sont fixes, il sert à mesurer les distances ou à les rapporter sur le papier. Il est appelé *compas à pointe de rechange*, si l'une des branches est mobile et peut être remplacée par un porte-crayon, ou un tire-ligne, ce dernier compas est surtout employé pour le *tracé des courbes.*

On tient le compas par la tête afin de n'exercer aucune pression sur les branches. Il importe de n'appuyer que légèrement sur la pointe, afin d'éviter de *percer le papier.*

Rayon.

Compas   Compas
à pointes sèches   à pointes de rechange

Tire-ligne. — Le *tire-ligne* sert à tracer des lignes droites.

Pour introduire de l'encre dans le tire-ligne, on peut se servir d'une petite bande de papier fort que l'on trempe dans le godet où l'encre a été préparée, et on la glisse entre les lames.

Le tire-ligne doit être tenu presque d'aplomb, un peu penché vers la droite. Après s'en être servi, il faut le nettoyer. Avant de le renfermer dans son étui on doit *desserrer* les lames au moyen de la vis.

Encre de Chine. — La meilleure encre de Chine est d'un noir luisant, quelquefois un peu roussâtre ; elle doit supporter le lavis sans altération.

L'encre de Chine pour le trait se prépare en frottant le bout du bâton dans un godet de porcelaine où l'on a mis deux ou trois gouttes d'eau. Il importe que l'encre soit bien noire, surtout pour les *traits forts.* Lorsqu'elle est préparée, on essuie le bâton pour qu'il ne se fendille pas en séchant.

Il est quelquefois avantageux de se servir d'encre de Chine liquide vendue en flacons.

L'encre de Chine doit être seule employée pour le dessin.

Tire-ligne

Tracé à l'encre. — En général, on ne doit passer un dessin à l'encre que lorsqu'il est entièrement terminé au crayon. Les *traits fins* se passent les premiers, et ensuite les *traits forts* qui doivent avoir au moins le *double* de la largeur des traits fins. Les traits forts s'obtiennent en desserrant convenablement les lames du tire-ligne.

Lorsque le dessin présente des *raccordements* de lignes droites et de lignes courbes, il est préférable de commencer par le tracé des courbes.

Rapporteur. — Voir aux notions préliminaires, n° 29.

Gomme élastique. — La gomme sert à effacer le crayon. Nous conseillons la *gomme naturelle* surtout pour les dessins qui doivent être lavés (passés en couleur). A défaut de gomme naturelle, on peut employer une *gomme grise souple* de très bonne qualité.

COURS

THÉORIQUE ET PRATIQUE

DE

DESSIN LINÉAIRE

CONFORME AUX PROGRAMMES OFFICIELS

A l'usage des Écoles primaires élémentaires
et des Écoles primaires supérieures

PAR

F. C.

Reproduire au moyen d'instruments et
dans des proportions déterminées le croquis coté d'un objet : tel est le but du
dessin linéaire.

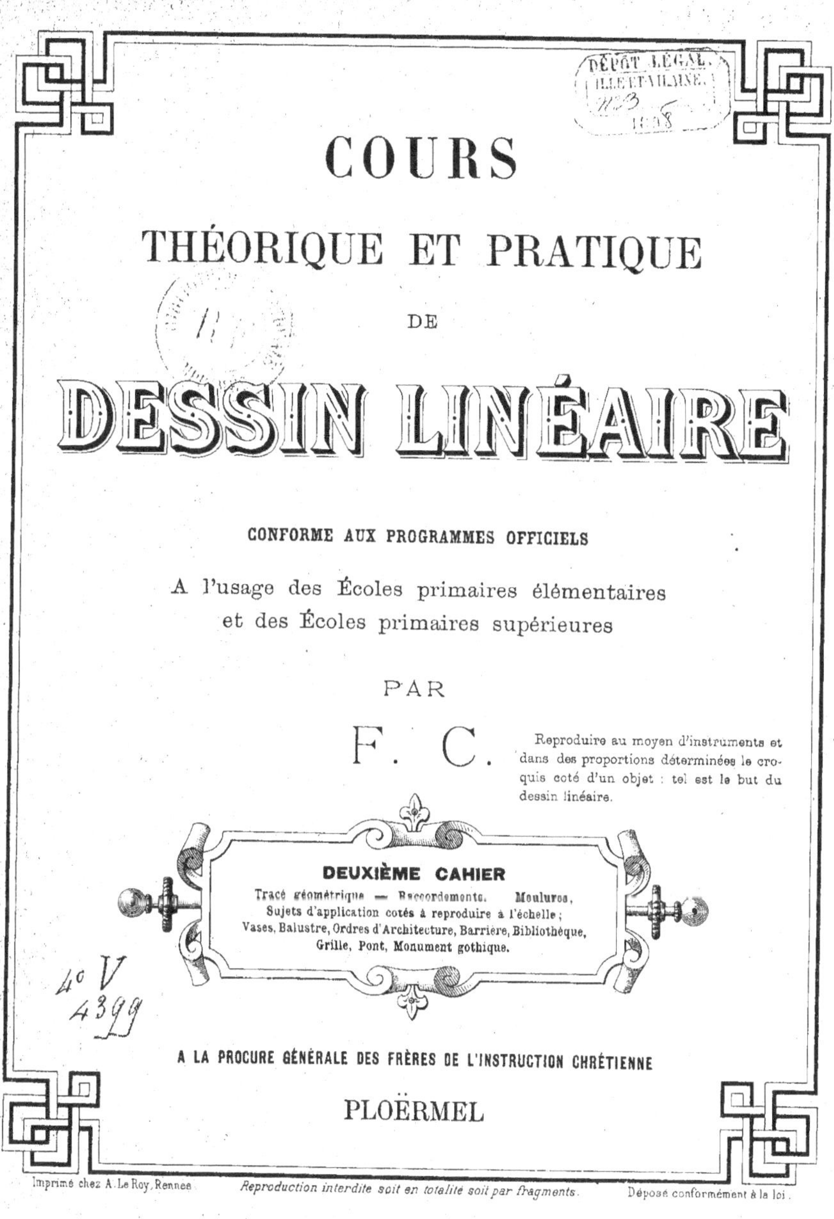

A LA PROCURE GÉNÉRALE DES FRÈRES DE L'INSTRUCTION CHRÉTIENNE

PLOËRMEL

Cahier appartenant à

COURS DE DESSIN LINÉAIRE

2ᵉ Partie

INSTRUCTIONS GÉNÉRALES

Cette deuxième partie de notre Cours de dessin linéaire contient d'abord quelques problèmes de tracé géométrique relatifs à la *circonférence*, aux *tangentes* et aux *raccordements* des lignes ; ensuite vient le tracé des *moulures usuelles* et leurs applications à des sujets faciles et variés empruntés à l'architecture, à la menuiserie, à la serrurerie, à la maçonnerie, etc.

Il n'est pas absolument nécessaire de reproduire tous les sujets que renferme ce cahier, pourvu qu'on ait soin de dessiner *d'après nature* quelques objets analogues. Cette dernière étude ne présente pas du reste autant de difficultés qu'on se l'imagine.

Nous avons indiqué un procédé pour le tracé des *directrices* et du *cadre* des feuilles ; nous en donnons un autre qui peut être employé lorsque les feuilles du cahier de reproduction ne sont pas coupées d'équerre.

TRACÉ DES DIRECTRICES. — Prendre pour base des opérations le côté *AB* (*fig.* ci-contre) représentant le dos du cahier. Des extrémités *A* et *B*, décrire deux arcs qui se coupent en *C*, puis des mêmes points *A* et *B*, avec un rayon plus grand que le premier, décrire deux nouveaux arcs qui se coupent en *D* joignant les points *C* et *D*, on aura la directrice *CD*. — Des extrémités *E* et *F* de cette directrice, décrire deux arcs de même rayon qui se coupent en *G* et en *H*. La ligne *GH* qui joint ces deux points est la seconde directrice parallèle au côté *AB*.

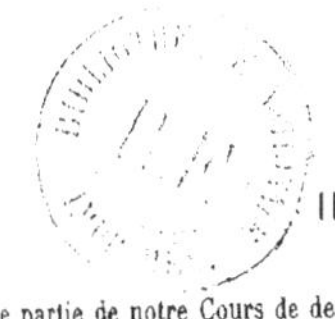

TRACÉ DU CADRE. — Voir 1ʳᵉ partie, page 3.

ÉCHELLES. — Bien que nous donnions l'*échelle de reproduction* au bas des planches d'application de ce cahier, nous conseillons aux élèves de déterminer eux-mêmes cette échelle pour chacun des sujets donnés, celle qui est indiquée pourra alors servir de vérification.

Les échelles de ce cahier sont calculées d'après les dimensions du *cadre intérieur* de notre cahier de reproduction : 0ᵐ 27 sur 0ᵐ 20.

TRACÉ DES COURBES A L'ENCRE. — Dans ce tracé, il est bon quelquefois de plier le *genou* du tire-ligne du compas afin que les deux lames portent également sur le papier. On prend le compas par la tête, et, après l'avoir essayé sur une feuille volante, on le fait pivoter entre les doigts en appuyant légèrement sur le tire-ligne. Il faut avoir soin de s'arrêter exactement au point de départ s'il s'agit d'une circonférence, ou au point de tangence s'il est question de raccordement de lignes, car en revenant plusieurs fois sur un même trait on en augmente la largeur, et la ligne manque de netteté. Lorsqu'on s'aperçoit que le tire-ligne marque difficilement, il faut l'essuyer et y introduire de nouvelle encre.

Lorsqu'une portion de circonférence doit être renforcée, on peut obtenir ce résultat par un ou plusieurs retours du tire-ligne sur la partie à renforcer, en faisant en sorte que le tire-ligne touche à

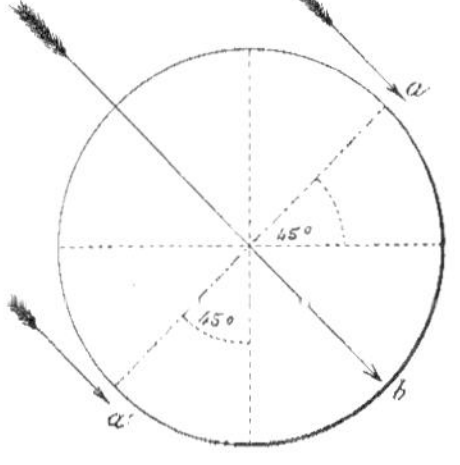

peine le papier aux extrémités *a* et *a'* du renforcement (*fig.* ci-contre) et en appuyant un peu plus vers le milieu *b*.

Si la circonférence est d'un rayon assez grand, le trait de force doit être plus accentué. Dans ce cas, le renforcement peut être obtenu en déplaçant le centre de la courbe suivant la direction du rayon lumineux.

ABCDEFGHIJKLMNOPQRSTUVXYZ

abcdefghijklmnopqrstuvxyz — Diamétralement

EXPLICATION DU TRACÉ GÉOMÉTRIQUE

1er Problème. — *Par trois points donnés A, B, C, non en ligne droite, faire passer une circonférence.*

Joindre les points donnés *A* et *B*, *B* et *C* par deux droites ;
Sur le milieu de ces droites élever des perpendiculaires.
Le point de rencontre *O* de ces perpendiculaires sera le centre de la circonférence cherchée.

De ce qui précède, on conclut que pour trouver le centre d'un arc donné, on peut prendre trois points à volonté sur cet arc, et opérer comme ci-dessus.

2e Problème. — *Décrire une circonférence tangente à une droite AB en un point donné C, et passant par un point P situé hors de cette droite.*

Par le point *C*, élever une perpendiculaire à *A B* ;
Joindre le point de tangence *C* au point donné *P*, puis élever une perpendiculaire sur le milieu de *CP* ;
Le point de rencontre *O* des deux perpendiculaires est le centre de la circonférence demandée dont *OC* sera le rayon.

3e Problème. — *Décrire une circonférence tangente à deux droites données AB, AC, formant un angle.*

Mener la bissectrice *AF* de l'angle formé par les droites *A B* et *A C* ;
D'un point quelconque *O* de la bissectrice, abaisser une perpendiculaire *OE* sur un des côtés de l'angle.
La circonférence décrite du point *O* comme centre, avec *OE* pour rayon, satisfera à l'énoncé.
Si le point *E* était déterminé d'avance, on n'aurait qu'à élever au point *E* la perpendiculaire *OE*, et l'on opérerait ensuite comme ci-dessus.

4e Problème. — *Mener une tangente à une circonférence, en un point donné P situé sur cette circonférence.*

Mener le rayon *OP*, et, à son extrémité, élever la perpendiculaire *PA* ; cette ligne sera la tangente cherchée.
Si, une tangente étant tracée, on voulait déterminer exactement le point de contact, on abaisserait du centre une perpendiculaire sur cette tangente, le point de rencontre de ces deux dernières lignes serait le point de contact cherché.

5e Problème. — *D'un point P situé hors d'une circonférence, mener deux tangentes à cette circonférence.*

Joindre le centre *O* au point donné *P* ;

Du point *C*, milieu de *OP*, avec *CO* pour rayon, décrire une circonférence qui coupe la première aux points *A* et *B* ;
Mener les lignes *PA*, *PB* qui sont les tangentes demandées.

6e Problème. — *A une droite donnée AB, raccorder un arc passant par un point donné C.*

Principe. — *Un arc et une droite se raccordent lorsque le centre de l'arc à décrire se trouve sur la perpendiculaire élevée à la droite au point de contact ou de raccordement, ou bien lorsque la droite est perpendiculaire au rayon de l'arc décrit.*
Élever une perpendiculaire *BH* à l'extrémité *B* de la droite *A B* ;
Joindre le point *B* au point *C*, puis mener une perpendiculaire sur le milieu de *BC*.
Du point d'intersection *O* des deux perpendiculaires, avec *OB* pour rayon, décrire l'arc de raccord *BDC*.

7e Problème. — *Raccorder deux droites parallèles et d'égale longueur.*

Nous entendons que deux droites parallèles sont d'égale longueur lorsqu'elles sont limitées par une perpendiculaire commune.

Élever la perpendiculaire commune *A B* ;
Sur le milieu de *A B* mener une autre perpendiculaire ;
Le point de rencontre de ces deux perpendiculaires est le centre de l'arc de raccord.

8e Problème. — *A un arc donné ABC, raccorder un autre arc de cercle de même sens et passant par un point donné P.*

Principe. — *Pour que deux arcs se raccordent, il faut que le point de contact et les deux centres se trouvent sur une même ligne droite.*
Joindre le centre *O* de l'arc donné *A B C* à l'extrémité *C* de cet arc, puis joindre le point *C* au point donné *P*.
Élever une perpendiculaire sur le milieu de *CP*, et du point de rencontre *O'* de cette perpendiculaire avec le rayon *OC* prolongé, décrire l'arc de raccord *CHP*.

9e Problème. — *A un arc donné ABC, raccorder un autre arc de cercle de sens contraire et passant par un point donné P.*

Joindre le centre *O* de l'arc donné *A B C* au point de raccord *C*, et prolonger cette droite. Joindre le point *C* au point *P* et élever une perpendiculaire au milieu de *CP*. Du point de rencontre *O'* de cette perpendiculaire avec le **rayon *OC* prolongé**, décrire l'arc *CNP*.

TRACÉ GÉOMÉTRIQUE

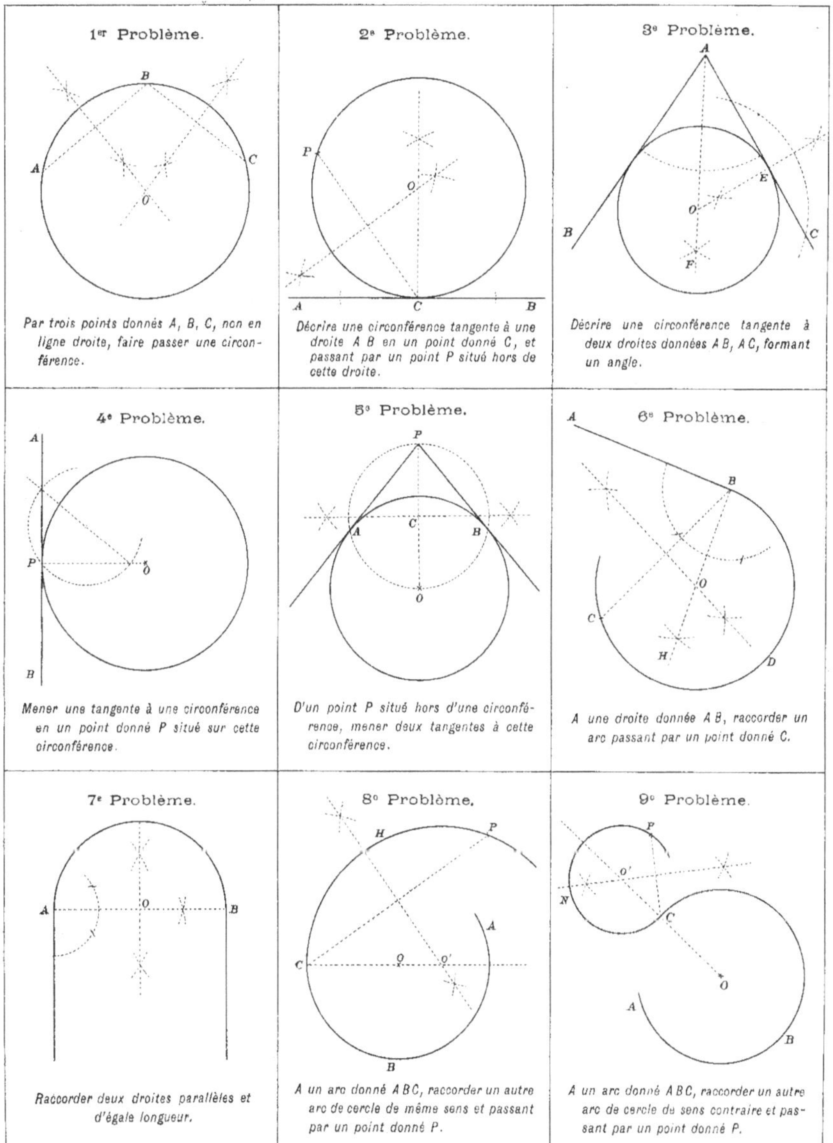

1er Problème.

Par trois points donnés A, B, C, non en ligne droite, faire passer une circonférence.

2e Problème.

Décrire une circonférence tangente à une droite A B en un point donné C, et passant par un point P situé hors de cette droite.

3e Problème.

Décrire une circonférence tangente à deux droites données A B, A C, formant un angle.

4e Problème.

Mener une tangente à une circonférence en un point donné P situé sur cette circonférence.

5e Problème.

D'un point P situé hors d'une circonférence, mener deux tangentes à cette circonférence.

6e Problème.

A une droite donnée A B, raccorder un arc passant par un point donné C.

7e Problème.

Raccorder deux droites parallèles et d'égale longueur.

8e Problème.

A un arc donné A B C, raccorder un autre arc de cercle de même sens et passant par un point donné P.

9e Problème.

A un arc donné A B C, raccorder un autre arc de cercle de sens contraire et passant par un point donné P.

Tracer le cadre et les divisions de la feuille. — Construire les figures *très légèrement* au crayon et ensuite les passer à l'encre conformément à la planche modèle, en commençant par les *lignes courbes*, attendu qu'il est plus facile de raccorder une *droite* à une *courbe* que de raccorder une *courbe* à une *droite*. — Chacune des figures de cette planche doit être agrandie de manière à remplir le compartiment qui lui est réservé dans le cahier de reproduction.

EXPLICATION DU TRACÉ GÉOMÉTRIQUE *(suite)*

10e Problème. — *Raccorder deux droites convergentes.*

Prolonger les deux droites jusqu'à leur rencontre en *E*; du point *E* comme centre, décrire un arc de cercle qui coupe les deux droites aux points *B* et *C*. Par ces derniers points, mener une perpendiculaire à chacune des droites *A B* et *CD*. Du point de rencontre *O*, et avec *OB* pour rayon, décrire l'arc de raccordement.

11e Problème. — *Raccorder deux droites parallèles* AB *et* CD *d'inégale longueur par deux quarts de circonférence.*

Élever les perpendiculaires *BE* et *CG* aux extrémités *B* et *C* des parallèles. Prolonger *DC* jusqu'en *E*; porter la longueur *EC* en *EI* sur *BE*. Élever une perpendiculaire sur le milieu de *BI*. Le point *H* est le centre du premier arc *BJ*, et le point *G* le centre du second arc *JC*.

12e Problème. — *Raccorder deux droites parallèles* AB, CD, *d'inégale longueur.*

Élever les perpendiculaires *BG* et *CO*; prendre sur *CO* une longueur *CF* plus petite que la demi-distance entre les parallèles; porter *CF* de *B* en *E*, joindre les points *E* et *F*, et sur le milieu de *EF*, tracer une perpendiculaire qui rencontre *BG* au point *G*. Joindre le point de rencontre *G* au point *F* et prolonger. *F* est le centre du premier arc *CH*, et *G* le centre du second *HB*.

Figures curvilignes.

On désigne sous le nom de figures *curvilignes* celles qui sont formées de lignes courbes;

Les principales sont : l'*ove*, l'*ogive*, l'*anse de panier*, la *spirale*, l'*ovale* ou *fausse ellipse*, et l'*ellipse*.

L'*ove* est une figure curviligne qui présente à peu près la forme d'un œuf. Il se compose d'une demi-circonférence et de plusieurs arcs qui se raccordent entre eux.

L'*ogive* est une figure formée de deux arcs de cercle de même rayon se coupant en un point appelé *sommet* de l'ogive.

L'*anse de panier* ou *cintre surbaissé* est une figure formée de plusieurs arcs de cercle; ces arcs sont toujours en nombre impair.

La *spirale* est une courbe non fermée qui, en tournant, s'éloigne de plus en plus de son point de départ.

L'*ovale* est une figure curviligne à plusieurs centres; on peut la considérer comme formée par la réunion de deux anses de panier.

L'*ellipse* est une courbe fermée telle que la somme des distances de chacun de ses points à des points fixes nommés *foyers* reste constante et égale au grand axe de la courbe[1].

13e Problème. — *Tracer un ove d'une largeur déterminée* AB.

Sur la largeur donnée *A B* comme diamètre, décrire une circonférence. Élever sur le milieu du diamètre une perpendiculaire *OE*, puis joindre les points *A* et *B* au point *E* par des droites que l'on prolonge. Des points *A* et *B* comme centres, tracer les arcs *BD* et *AC* et du point *E* l'arc *CD*.

14e Problème. — *Tracer une ogive, la largeur* a *et la hauteur* h *étant données.*

Mener une ligne *A B* égale à la largeur *a*; élever sur le milieu de cette ligne la perpendiculaire *OC* égale à la hauteur *h* (cette hauteur doit toujours être plus grande que la moitié de la largeur de l'ogive.) Joindre les points *A* et *B* au point *C*, puis élever une perpendiculaire sur le milieu des droites *AC* et *BC* : les points de rencontre *D* et *D'* de ces perpendiculaires avec *AB* sont les centres des arcs *BC* et *AC* de l'ogive.

Lorsque les centres *D* et *D'* sont placés entre *A* et *B*, l'ogive est dite *obtuse*; s'ils sont en *A* et *B*, elle est *équilatérale*; s'ils sont sur le prolongement de *AB*, elle est *aiguë* ou *à lancette*.

15e Problème. — *Tracer une anse de panier dont on connaît la largeur* a *et la hauteur* h.

Tracer une ligne *AB* égale à la largeur *a*. Élever au milieu de *AB* une perpendiculaire et porter sur cette perpendiculaire la hauteur *FC* égale à *h* (cette hauteur doit être moindre que la moitié de la largeur); mener les droites *AC* et *BC* et porter *FC* en *FD*; du point *C*, décrire l'arc *HH'* avec *AD* pour rayon; sur le milieu de *AH* et de *BH'* élever des perpendiculaires qui coupent la ligne *AB* aux points *E* et *E'* et le prolongement de *CF* en *O*.

E et *E'* seront les centres des arcs *AR* et *BS*, et *O* le centre de *RCS* qui complètera l'anse de panier.

16e Problème. — *Tracer une fausse spirale à quatre centres.*

Construire le carré 1, 2, 3, 4, et prolonger les côtés. Du sommet 1, avec 1—4 pour rayon, décrire le premier arc; du sommet 2, décrire un deuxième arc qui se raccorde avec le premier; du sommet 3, décrire le troisième, et ainsi de suite.

La spirale peut être à 2, 3, 4, 5, 6,..... centres.

17e Problème. — *Tracer un ovale connaissant le grand axe* a.

Diviser *AB* égale à l'axe *a* en trois parties égales. Des points de division *O* et *O'* comme centres avec un rayon égal au tiers du grand axe, décrire des circonférences qui se coupent en *C* et en *D*; joindre les points *C* et *D* aux points *O* et *O'* par des droites prolongées jusqu'aux circonférences. Les points *C* et *D* sont les centres des arcs *EF* et *GH* qui doivent se raccorder avec les circonférences pour former l'ovale demandé.

18e Problème. — *Tracer, à l'aide d'une bande de papier, une ellipse dont on connaît les deux axes* a *et* b.

Mener les deux axes perpendiculaires *AB* et *CD*, égaux respectivement à *a* et à *b*. Porter sur le bord d'une bande de papier deux longueurs, l'une *OE* égale au demi-grand axe, l'autre *OF* égale au demi-petit axe. Faire mouvoir la bande de telle sorte que, le point *E* étant sur le petit axe, le point *F* soit constamment sur le grand axe; indiquer dans chacune des positions de la bande de papier la position du point *O* par un léger coup de crayon. Tracer ensuite la courbe à la main.

---

1. L'ellipse a deux *axes* : le *grand axe* et le *petit axe*. Le *grand axe* est la ligne droite qui passe par les deux foyers et se termine à l'ellipse; il est perpendiculaire au milieu du petit axe. Le *petit axe* est une droite perpendiculaire au milieu du grand axe et se terminant à la courbe.

TRACÉ GÉOMÉTRIQUE

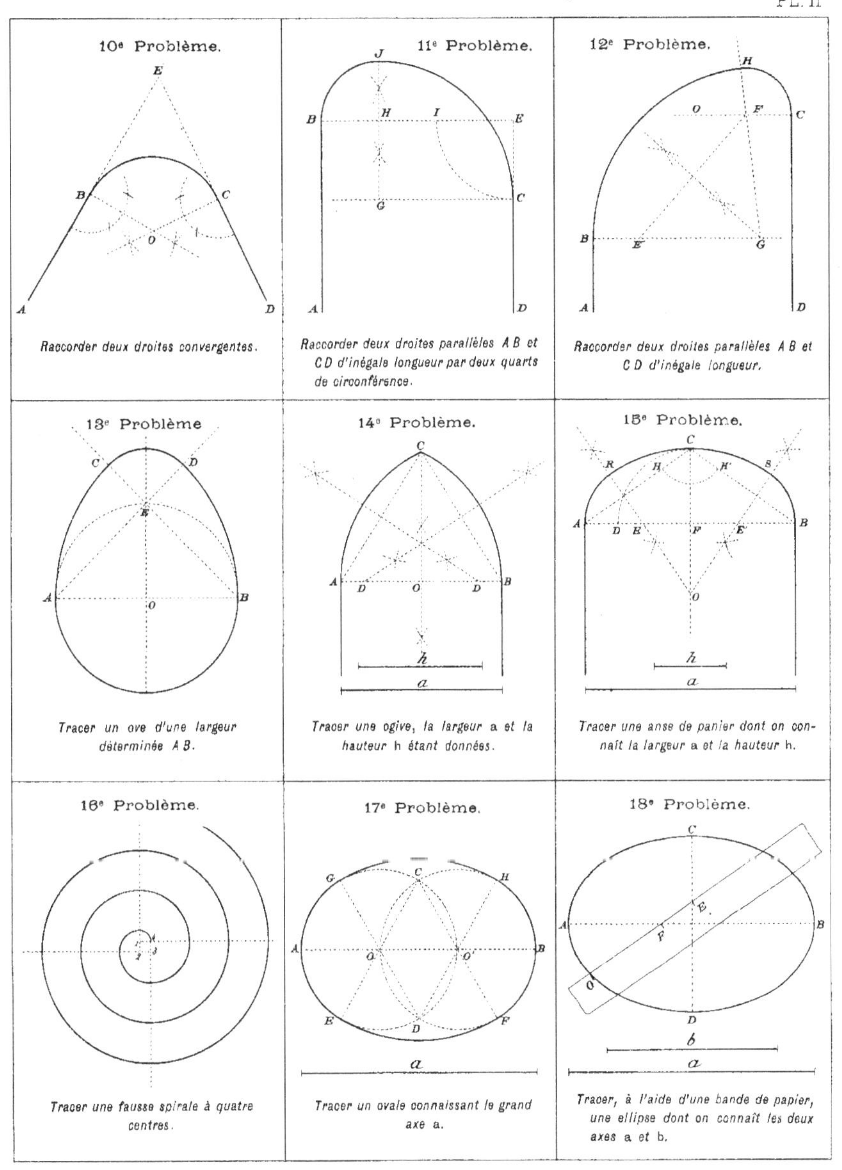

Les problèmes 11 et 12, vu leurs applications fréquentes dans les planches suivantes, demandent une attention spéciale. — Le tracé à l'encre de l'ellipse présentant quelque difficulté, nous conseillons de l'exécuter au préalable sur feuille volante. Ce tracé doit se faire avec une plume fine.

MOULURES

Définitions.

Les *moulures* sont des ornements d'architecture formant saillie sur la surface des murs, des colonnes, et autres objets.

On distingue deux sortes de moulures : les *moulures plates* et les *moulures rondes*.

Les moulures plates sont : le *filet* ou *listel*, la *plate-bande*, la *plinthe*, le *larmier*, le *tailloir*.

Les moulures rondes sont : la *baguette*, le *tore* ou *boudin*, le *quart de rond* qui sont convexes ; la *gorge*, le *cavet*, le *congé* qui sont concaves, le *talon* et la *doucine* qui sont à la fois convexes et concaves.

Le *filet* est une petite moulure carrée et plate qui accompagne une moulure plus forte.

La *plate-bande* est une moulure unie plus large que saillante.

La *plinthe* est une moulure plate et peu saillante qui se trouve à la partie inférieure d'une colonne ou d'un piédestal, et que l'on nomme quelquefois *socle*.

Le *larmier* est une moulure large et saillante creusée en dessous d'un petit canal ou *mouchette* destiné à préserver l'édifice des eaux pluviales.

Le *tailloir* ou *abaque* est une moulure qui forme la partie supérieure du chapiteau de certaines colonnes.

La *baguette* est une moulure ronde dont la saillie égale la moitié de la hauteur.

Le *tore* ou *boudin* est une grosse moulure ronde qui se trouve le plus souvent à la base des colonnes.

Le *quart de rond* est une moulure convexe formée d'un quart de cercle.

La *gorge* est une moulure creuse dont la profondeur égale la moitié de la hauteur, elle est donc formée d'une demi-circonférence.

Le *cavet* est une moulure concave formée d'un quart de cercle ; c'est l'inverse du quart de rond.

Le *congé* est une petite moulure analogue au cavet et qui établit le passage d'une moulure à une autre.

Le *talon droit* est une moulure convexe à sa partie supérieure et concave à sa partie inférieure ; elle est formée de deux arcs de cercle.

La *doucine droite* est une moulure concave par le haut, convexe par le bas, et formée de deux arcs de cercle disposés en sens inverse de ceux du talon.

La *scotie* est une moulure creuse formée de plusieurs arcs de cercle.

Les moulures suivantes : quart de rond, cavet, talon, doucine, scotie, sont dites *renversées* lorsque dans ces moulures la plus grande saillie se trouve à la partie inférieure.

Tracé des moulures (Pl. III).

Filet et *plate-bande*. — 1º Déterminer les hauteurs ; — 2º Mener des parallèles par les points obtenus ; — 3º Porter les saillies ; — 4º Tracer les moulures.

Larmier et *mouchette*. — Même marche que pour les deux moulures précédentes.

Quart de rond, baguette, congé. — Le tracé de ces moulures ne présente pas de difficulté. Le centre du quart de rond étant déterminé, on remarquera que le centre de la baguette, la saillie du filet inférieur et le centre du congé se trouvent sur la verticale passant par le centre du quart de rond.

Cavet droit. — La figure indique le procédé à suivre. Ce procédé est le même pour le *cavet renversé*.

Talon droit. — Tracer AC et déterminer le point O, milieu de cette ligne. Avec AO pour rayon, et prenant successivement pour centres A, O et C, décrire des arcs qui se coupent en B et en B'. De B, décrire l'arc AO, et de B' l'arc CO.

On procédera de la même façon pour le tracé du *talon renversé*.

Doucine droite. — Même construction que pour le talon, seulement les centres seront en sens inverse.

Tore. — Tracé analogue à celui de la baguette.

Scotie renversée. — Pour le tracé de cette moulure, voir *prob. 12, pl. II*.

Nous avons cru utile de donner le tracé géométrique des moulures, mais nous ferons observer que dans la pratique elles se tracent généralement à main libre.

Nous conseillons aux élèves de s'exercer à reconnaître et à tracer à main levée les moulures que l'on trouve dans les colonnes, les piédestaux, les balustres, etc.

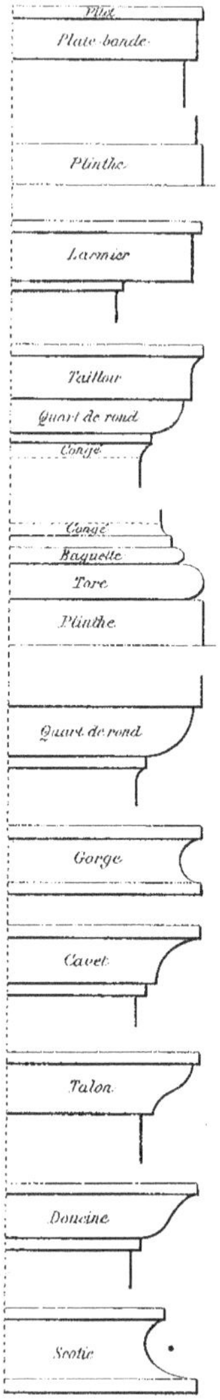

MOULURES

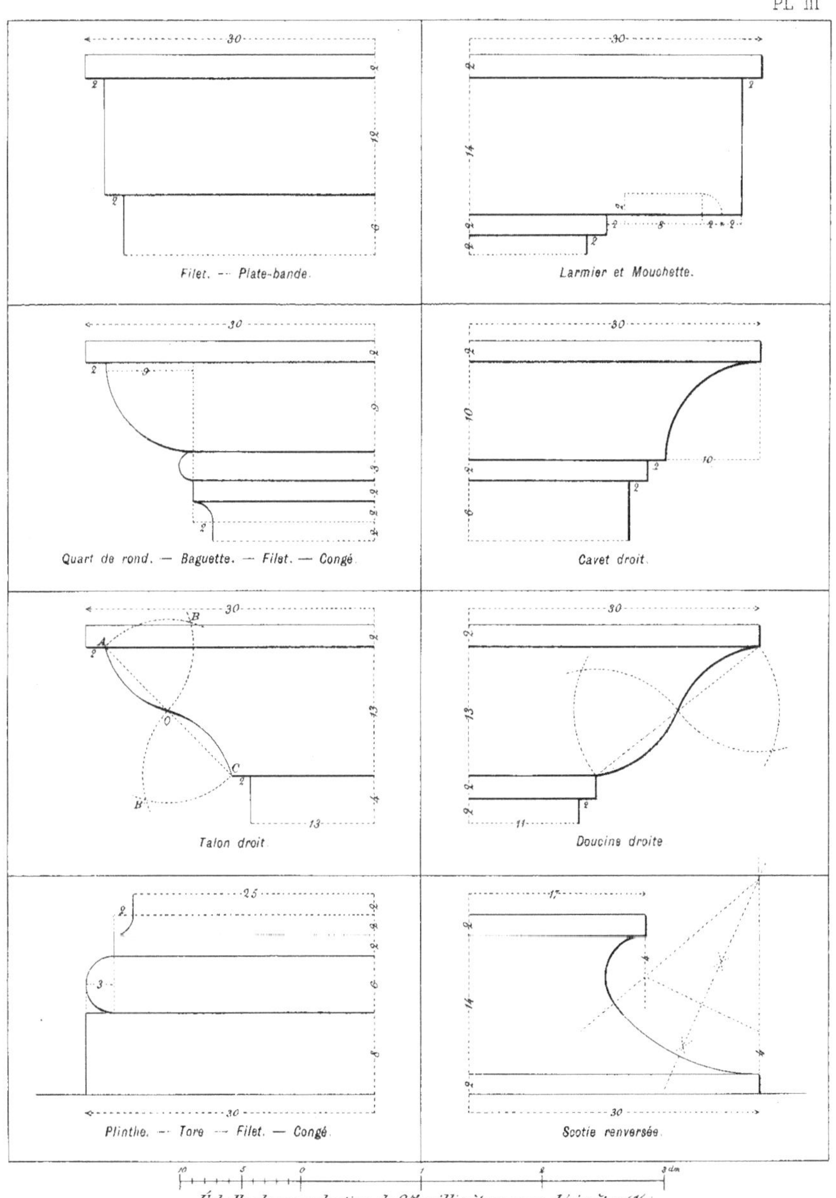

Échelle de reproduction de 25 millimètres pour décimètre (¼)

Le procédé relatif au *renforcement des lignes courbes* a été indiqué à la page 1 de ce cahier. S'exercer au préalable sur feuille volante.

BOULE ÉGYPTIENNE ET BALUSTRE

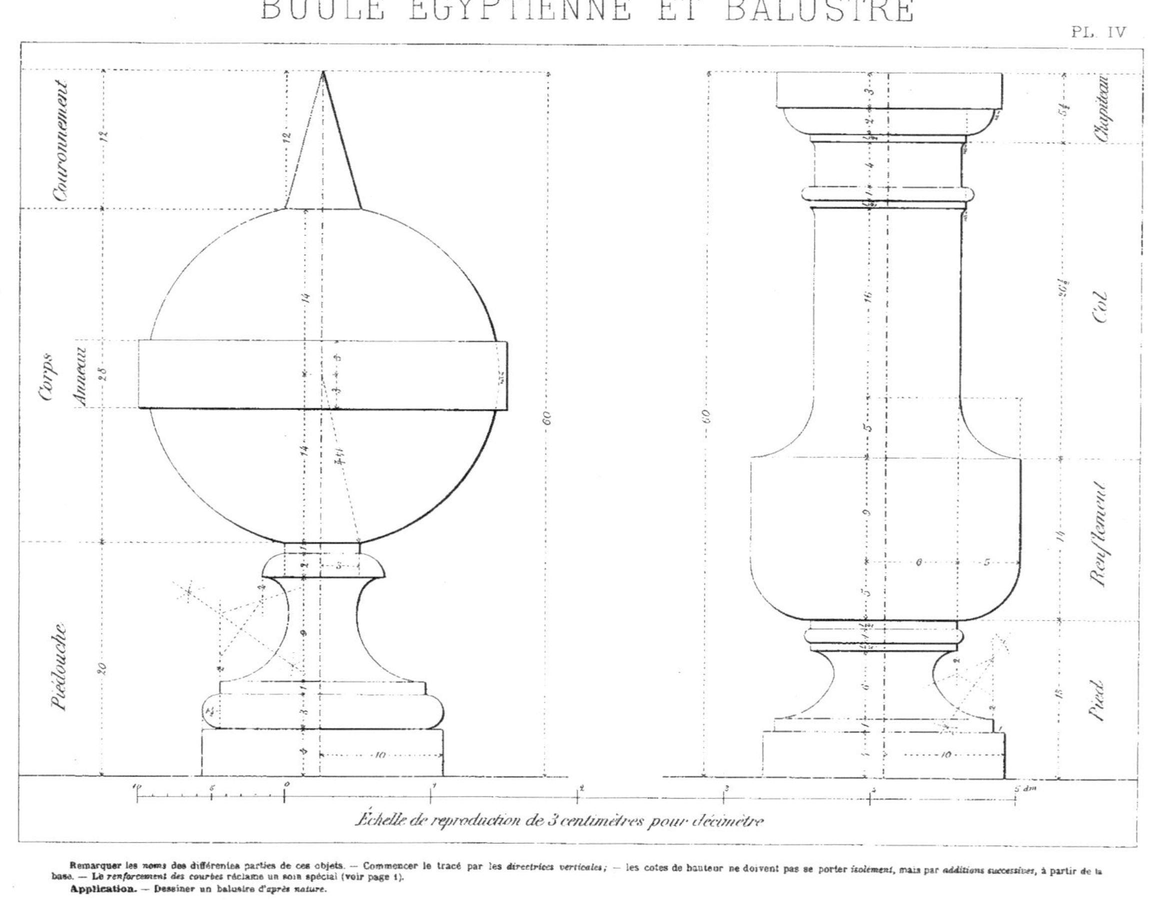

Remarquer les *noms* des différentes parties de ces objets. — Commencer le tracé par les *directrices verticales;* — les cotes de hauteur ne doivent pas se porter *isolément,* mais par *additions successives,* à partir de la base. — Le *renforcement des courbes* réclame un soin spécial (voir page 1).

Application. — Dessiner un balustre *d'après nature.*

VASE MÉDICIS ET URNE

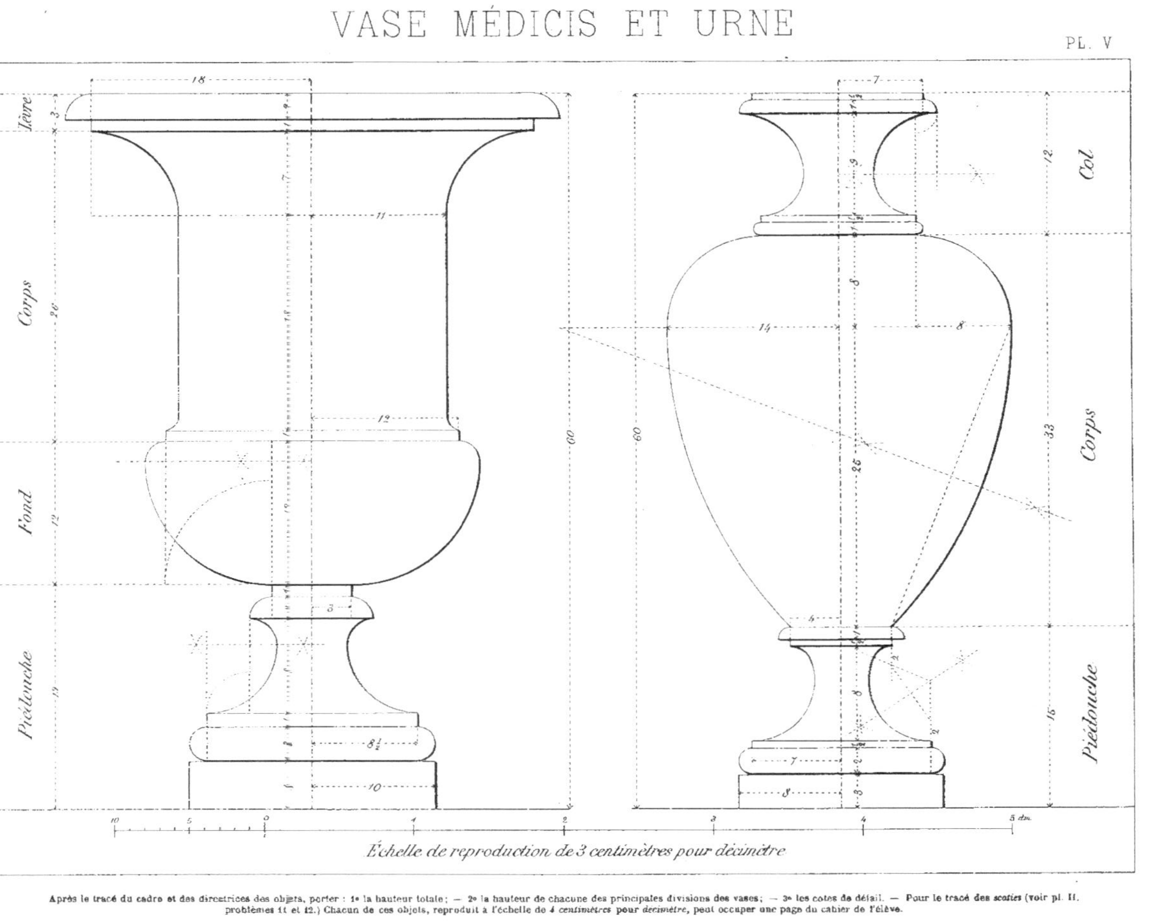

Échelle de reproduction de 3 centimètres pour décimètre

Après le tracé du cadre et des directrices des objets, porter : 1° la hauteur totale ; — 2° la hauteur de chacune des principales divisions des vases ; — 3° les cotes de détail. — Pour le tracé des scoties (voir pl. II, problèmes 11 et 12.) Chacun de ces objets, reproduit à l'échelle de 4 centimètres pour décimètre, peut occuper une page du cahier de l'élève.

ORDRES D'ARCHITECTURE

On appelle *ordre d'architecture* la combinaison des diverses parties d'un édifice dans des proportions telles que leur ensemble soit harmonieux et régulier.

Les Grecs et les Romains sont, parmi les peuples de l'antiquité, ceux qui ont plus particulièrement soumis l'architecture à des règles fixes et à des lois rationnelles.

Il y a cinq ordres d'architecture : le *Toscan*, le *Dorique*, l'*Ionique*, le *Corinthien*, et le *Composite*. Le premier et le dernier sont romains, les trois autres sont grecs.

(*Voir la couverture de ce cahier.*)

Un ordre se compose de trois parties principales : le *piédestal*, la *colonne* et l'*entablement*.

Le piédestal comprend : la *base*, le *dé* et la *corniche*.

La colonne comprend : la *base*, le *fût* et le *chapiteau*.

L'entablement comprend : l'*architrave*, la *frise* et la *corniche*.

Un ordre d'architecture est surtout caractérisé par sa colonne et son chapiteau.

C'est aussi d'après la *colonne* que se déterminent les rapports des autres parties entre elles. L'*unité* adoptée est une longueur égale à la *moitié du diamètre inférieur* de la colonne. Cette unité s'appelle **module**.

Le *module* se divise en 12 *parties* ou *minutes* pour les ordres toscan et dorique, et en 18 pour les trois autres.

Les hauteurs des colonnes pour les divers ordres sont :

Ordre toscan : 7 *diamètres* ou 14 *modules*.
Ordre dorique : 8 *diamètres* ou 16 *modules*.
Ordre ionique : 9 *diamètres* ou 18 *modules*.
Ordre corinthien : 10 *diamètres* ou 20 *modules*.
Ordre composite : 10 *diamètres* ou 20 *modules*.

Dans tous les ordres, le *piédestal* a pour hauteur le *tiers* de la colonne et l'*entablement* le *quart*.

La colonne ne conserve pas partout le même *diamètre*. Ordinairement elle subit une diminution d'un *sixième* à sa partie supérieure. La diminution ne commence généralement qu'au *tiers* à partir de la base.

Tracé du fût de la colonne. — Soit *A B* (*fig.* ci-contre), les deux tiers supérieurs de la colonne ; on divise cet espace en un certain nombre de parties égales, en 4 par exemple ; on partage en un nombre égal de parties l'arc *CD* limité par une parallèle *DD'* à l'axe *A B*. De chacun de ces points de division, ayant mené des perpendiculaires à l'axe *A B*, on porte à droite et à gauche de cet axe les distances *Mm*, *Nn*, *Oo* respectivement en *M'm'*, *N'n'*, *O'o'*. Il ne reste plus qu'à joindre les points *C*, *o'*, *n'*, etc., par les lignes *Co'*, *o'n'*, etc., qu'on aura soin de raccorder bien exactement.

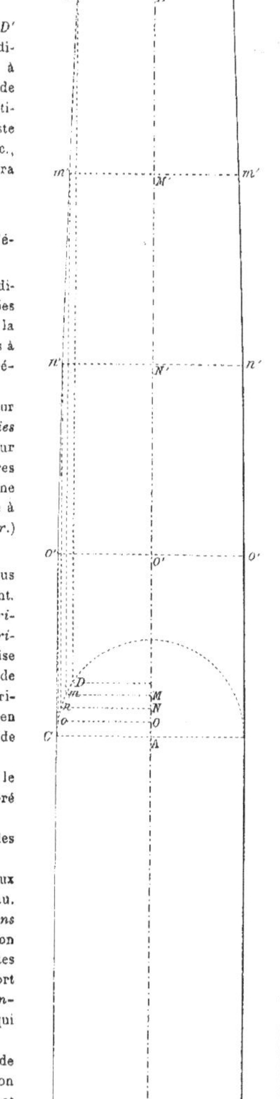

Voici, d'après Vignole, la manière d'élever un ordre d'architecture :

La hauteur de l'ordre étant donnée, on divise cette hauteur en *dix-neuf* parties égales : *quatre* de ces parties forment la hauteur du piédestal, *douze* sont données à la colonne et les *trois* dernières sont réservées à l'entablement.

Pour l'ordre toscan, on divise la hauteur trouvée pour la colonne en *quatorze parties égales*, pour l'ordre dorique en *seize*, pour l'ordre ionique en *dix-huit*, pour les ordres corinthien et composite en *vingt*. Chacune de ces parties est le **module** de l'ordre à construire. (*Voir la couverture de ce cahier.*)

L'ordre *toscan* est le plus simple de tous les ordres ; il est dépourvu de tout ornement.

L'ordre *dorique* se distingue par les *triglyphes* qui ornent sa *frise*. — Les *triglyphes* sont des parties saillantes de la frise creusées de canaux verticaux en forme de prismes triangulaires. Au-dessous des triglyphes, se trouvent de petites saillies en forme de tronc de pyramide ou de tronc de cône appelées *gouttes*.

L'intervalle entre deux triglyphes prend le nom de *métope* et est généralement décoré de sculptures.

L'ordre *ionique* est caractérisé par les *volutes* qui ornent son chapiteau.

L'ordre *corinthien* se reconnaît aux *feuilles d'acanthe* qui ornent son chapiteau. Cet ordre a le plus souvent des *modillons* et des *denticules* dans la corniche de son entablement. Les *modillons* sont de petites consoles renversées qui forment support sous le larmier de l'entablement. Les *denticules* sont des saillies à section carrée qui ornent la base de la corniche.

L'ordre *composite* tient tout à la fois de l'ordre ionique et de l'ordre corinthien. Son chapiteau est orné de *volutes ioniques* et de *feuilles d'acanthe*.

ORDRE TOSCAN

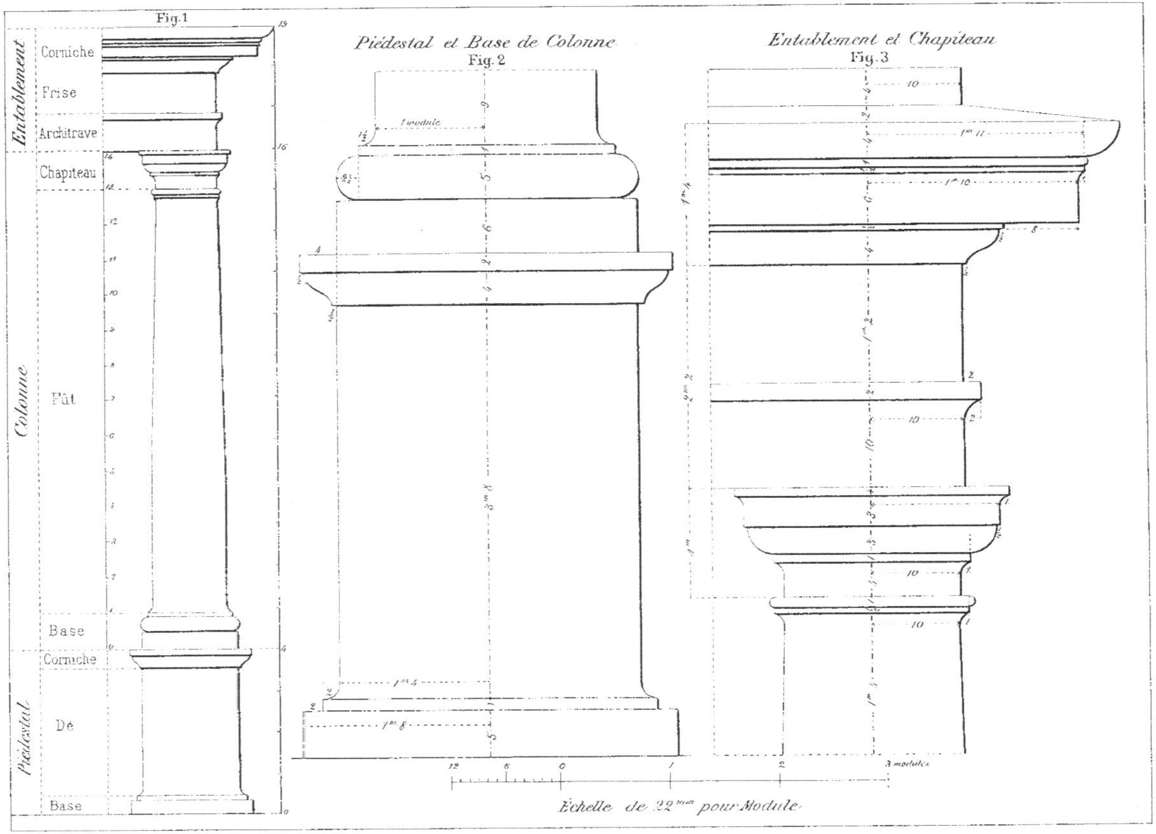

Fig.1

Entablement
Corniche
Frise
Architrave
Chapiteau

Colonne
Fût
Base

Piédestal
Corniche
Dé
Base

Piédestal et Base de Colonne
Fig. 2

Entablement et Chapiteau
Fig. 3

Échelle de 22^{mm} pour Module

La figure 1 ne doit pas être reproduite. — Les figures 2 et 3 peuvent occuper chacune une page du cahier de reproduction en les représentant à l'échelle de 46 millimètres pour module

BARRIÈRE

PL. VII

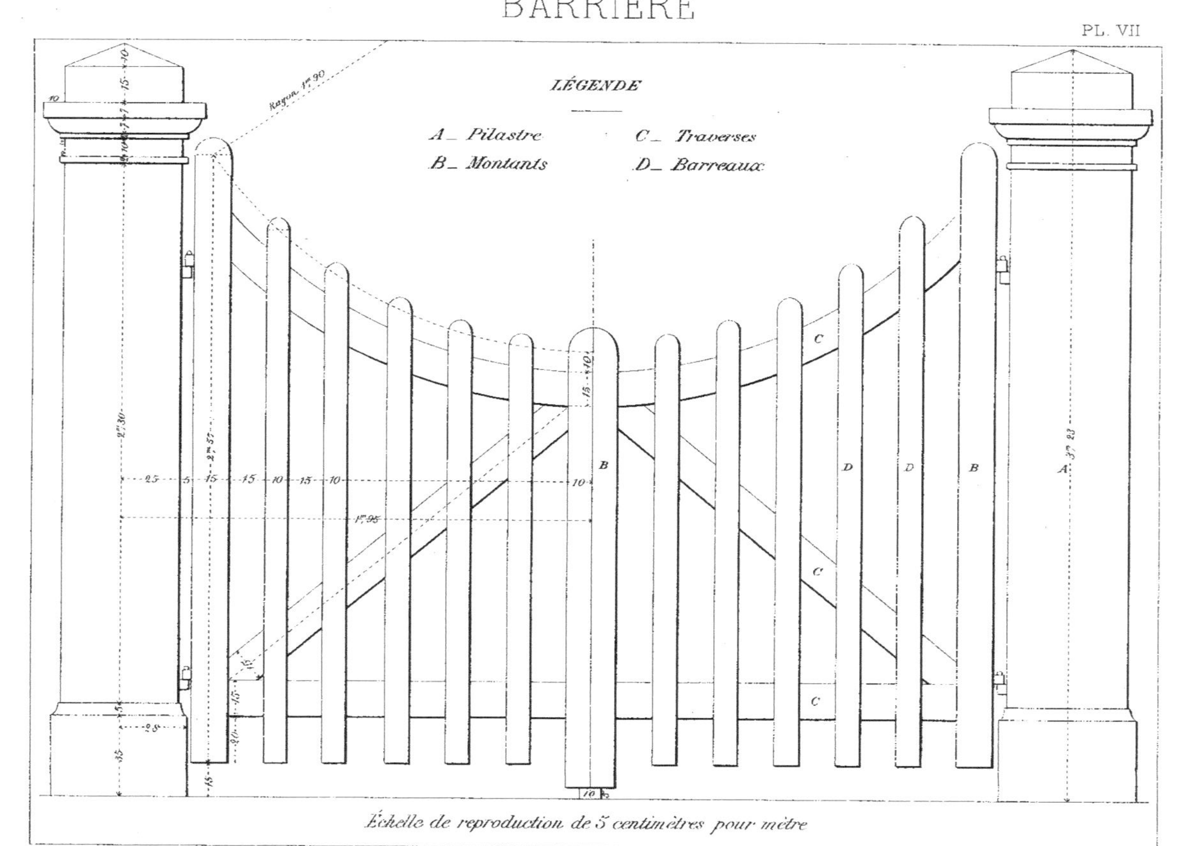

Le *centre* de la traverse supérieure C se trouve sur le prolongement de la directrice médiane; le *rayon* étant donné il est aisé de déterminer ce centre. — Le dessin achevé, on peut appliquer une teinte *légère* de *terre de Sienne brûlée* sur les pilastres, un ton *très clair de vert* (mélange de gomme-gutte et de bleu de Prusse) sur les barreaux et les traverses.

Application. — Faire le *croquis* coté d'une barrière et le reproduire à une échelle convenable (voir échelle de réduction, 1er cahier).

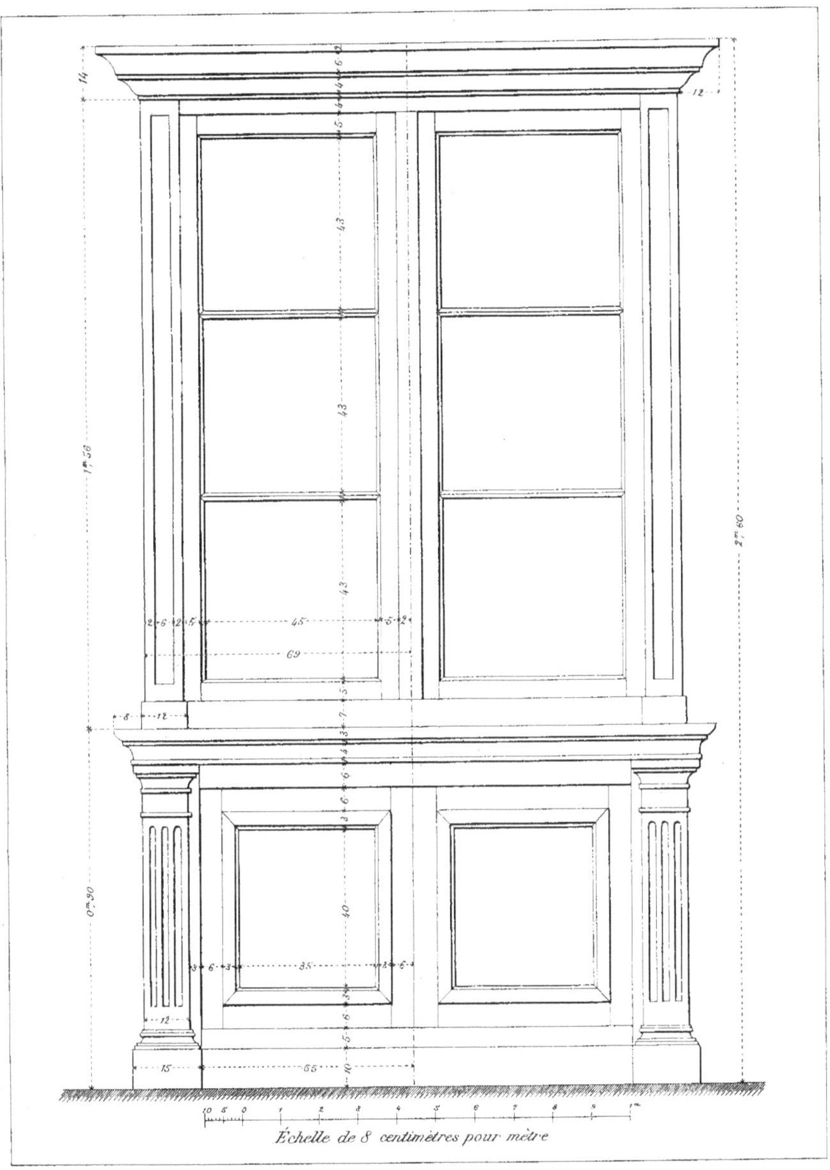

Plusieurs petits détails de cette planche se tracent à vue et à main libre. — Le dessin achevé, on peut appliquer un ton clair de bleu de Prusse sur les carreaux et un ton de bois (Terre de Sienne et Gomme-gutte) sur tout le reste.

Application. — Dessiner une bibliothèque ou une armoire d'après nature.

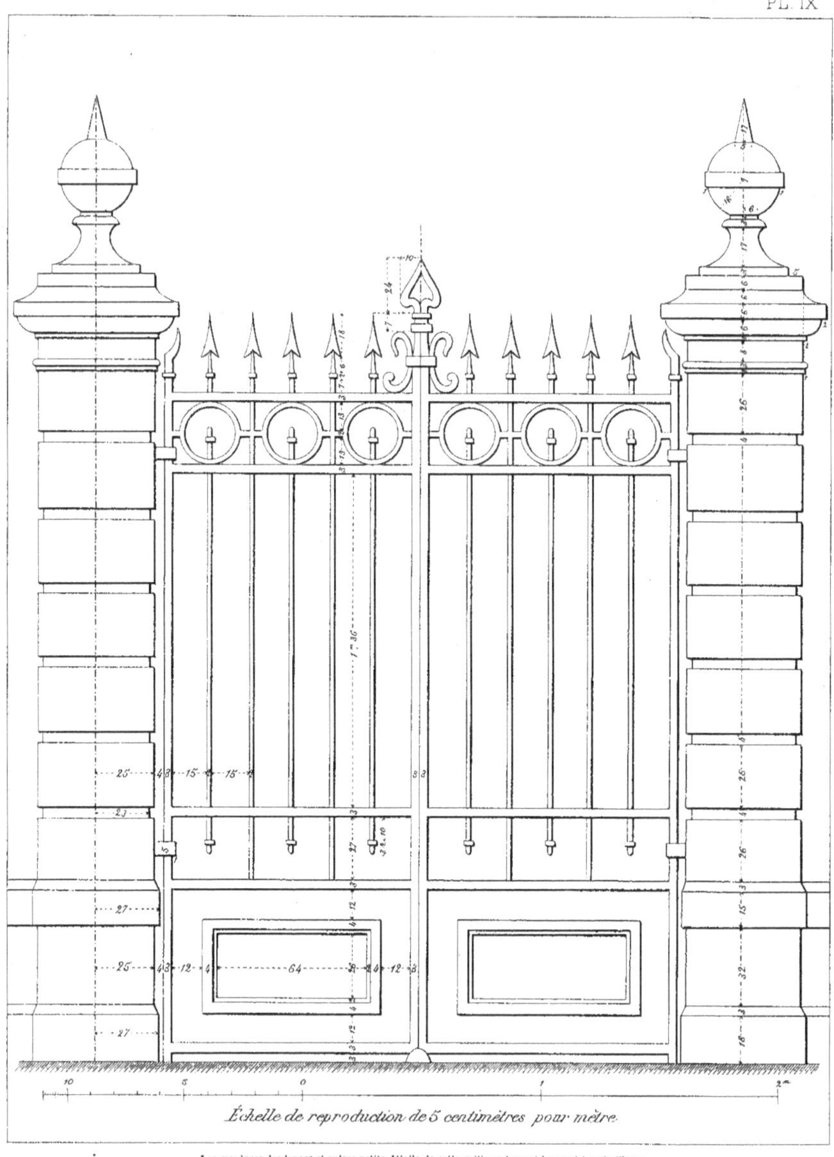

Échelle de reproduction de 5 centimètres pour mètre.

Les moulures, les lances et autres petits détails de cette grille se tracent à vue et à main libre.
Application. — Faire le croquis coté d'une grille simple.

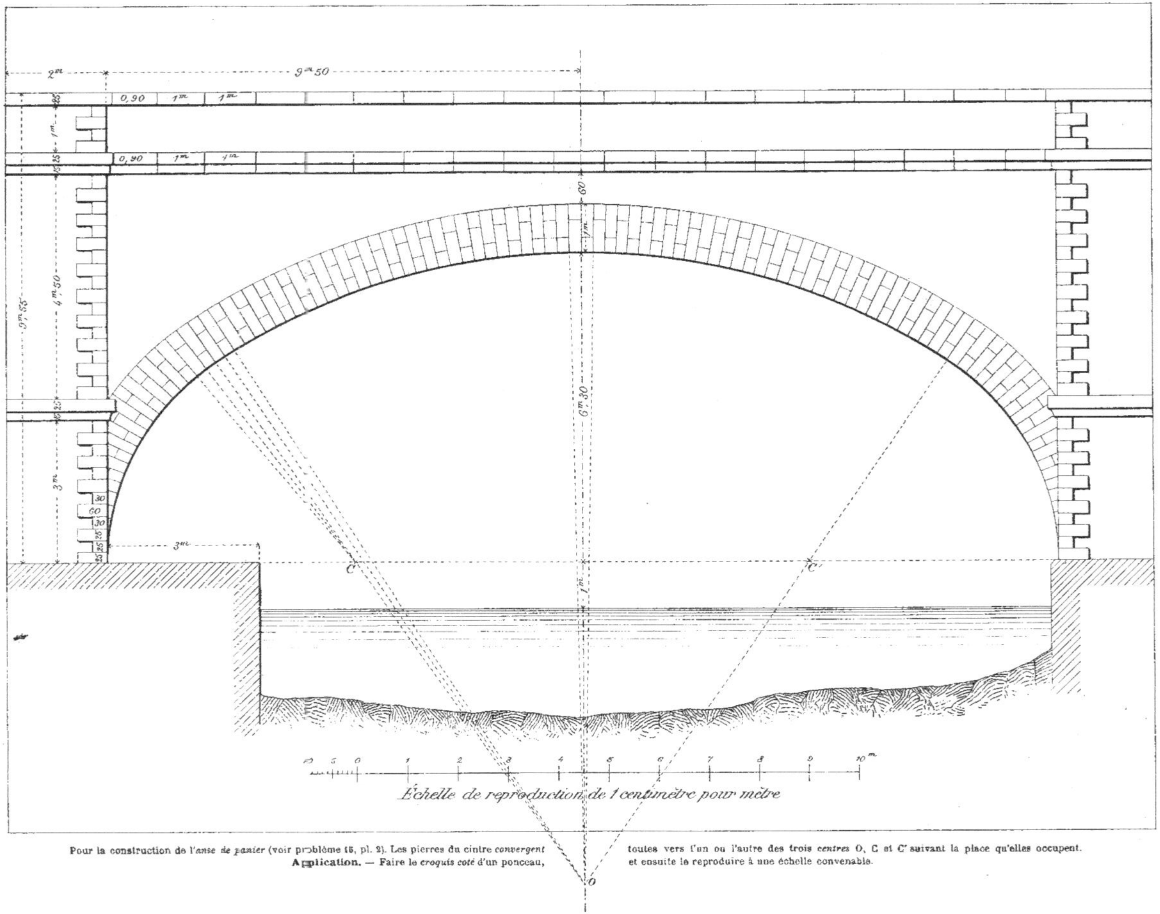

Pour la construction de l'anse de panier (voir problème 15, pl. 2). Les pierres du cintre *convergent* toutes vers l'un ou l'autre des trois *centres* O, C et C' suivant la place qu'elles occupent.

Application. — Faire le *croquis coté* d'un ponceau, et ensuite le reproduire à une échelle convenable.

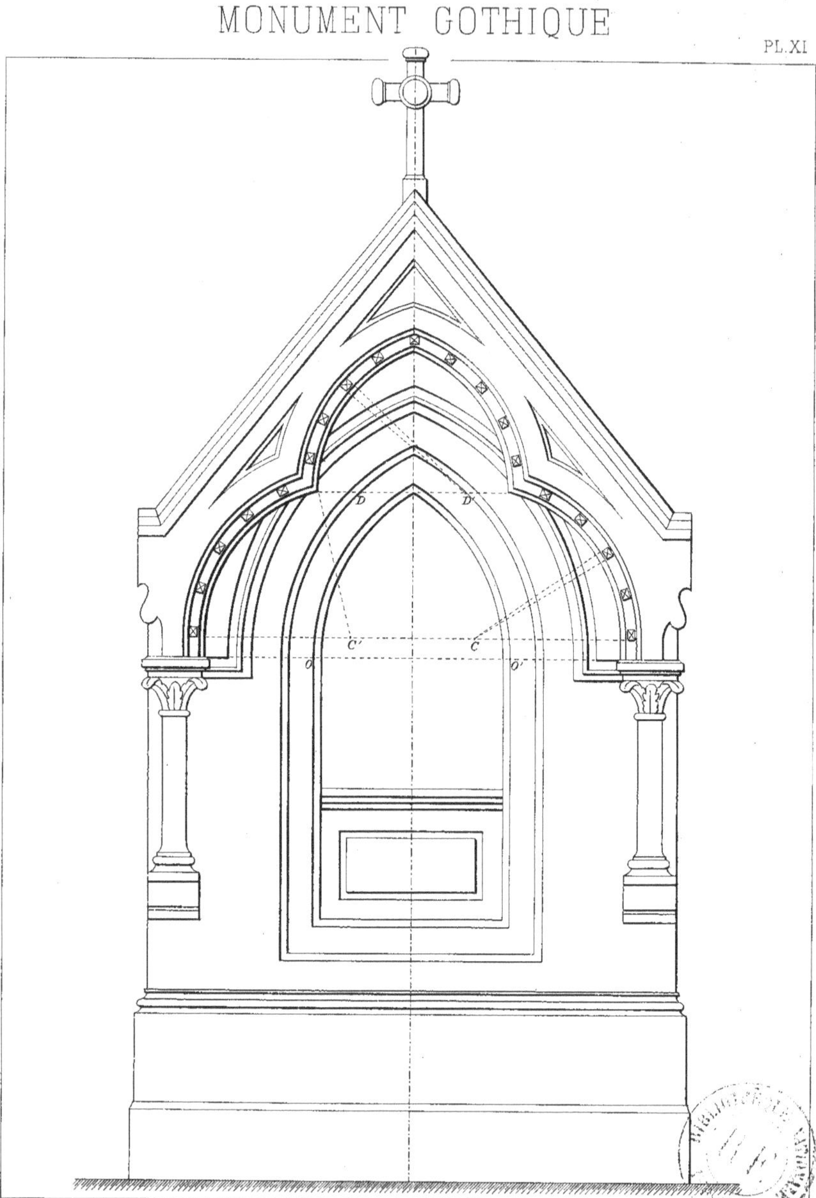

Échelle de 35 millimètres pour mètre

Ce dessin doit être *copié*. Afin de ne pas piquer le papier, on peut prendre les mesures avec le double décimètre ou au moyen d'une bande de papier. Remarquer que toutes les *ogives intérieures* ont *leurs centres* en O et O', tandis que les *ogives trilobées* ont *leurs centres* en C' et C pour les arcs inférieurs et en D et D' pour les arcs supérieurs. — Bon nombre de petits détails se tracent *à vue* et *à main libre*. Commencer le dessin par le bas.

ORDRES D'ARCHITECTURE

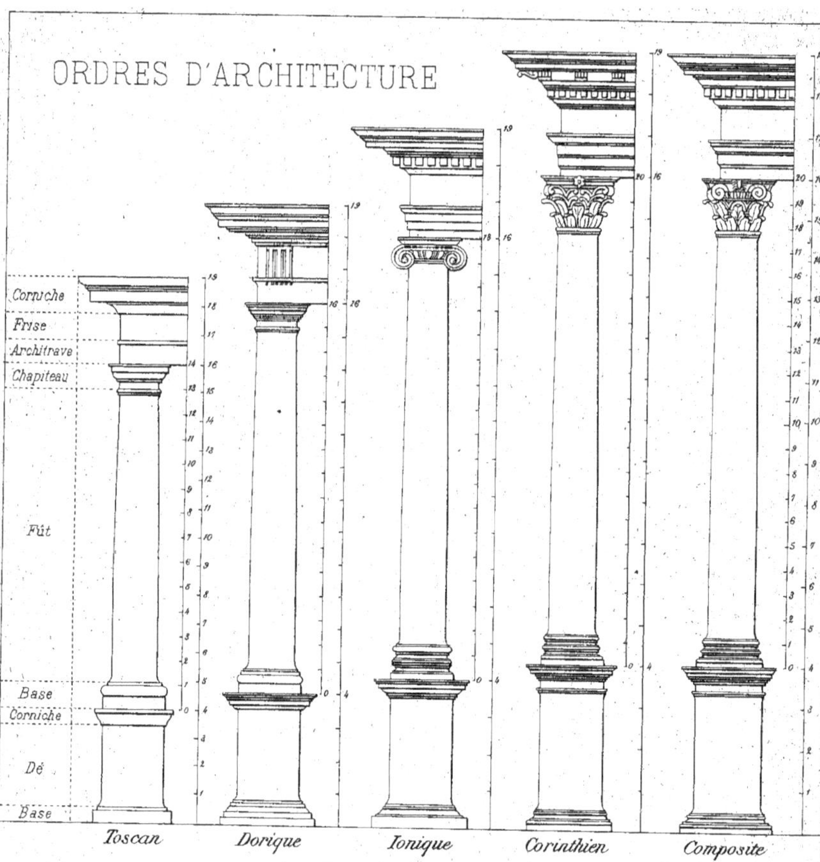

ORIGINE ET EMPLOI DES ORDRES

L'ordre *toscan* doit son origine à d'anciennes populations lydiennes qui seraient venues en Italie, notamment en Etrurie, aujourd'hui la Toscane, et qui s'en servirent dans la construction de leurs temples. L'aspect général de simplicité et de solidité qui distingue l'ordre toscan, le fait employer pour les édifices auxquels convient ce double caractère : prisons, halles, casernes, etc.

L'ordre *dorique* tire son nom de Dorus, roi d'Achaïe et de tout le Péloponèse, qui fit bâtir dans l'antique cité d'Argos un temple de cet ordre à Junon. Cet ordre, le plus ancien des ordres grecs, est celui qui présente le plus de force dans ses proportions et le plus de simplicité dans ses détails. Les édifices auxquels l'ordre dorique est appliqué prennent un caractère sévère ; l'ordre toscan produit le même effet, mais il est plus lourd. L'ordre dorique est employé pour les palais de justice, les hôtels de ville, etc.

L'ordre *ionique* est appelé ainsi parce que c'est dans les villes ioniennes qu'il fut d'abord appliqué à la décoration des temples. Les temples de Diane, à Éphèse et à Magnésie, le temple de Bacchus à Théos, l'Erechthéion à Athènes, étaient d'ordre ionique. Cet ordre se retrouve dans l'Hôtel des monnaies, et l'église Saint-Vincent de Paul à Paris.

L'ordre *corinthien*, selon Vitruve, aurait été inventé par Callimaque, sculpteur de Corinthe. Comme modèles antiques de l'ordre corinthien, on peut citer : l'arc de Marius à Orange, la Maison carrée de Nîmes, le Panthéon à Rome. Parmi les édifices modernes, on peut nommer, à Paris, l'église du Val de Grâce, la Bourse, l'église de Notre-Dame de Lorette.

L'ordre *composite* est ainsi appelé parce qu'il réunit les feuilles d'acanthe du chapiteau corinthien aux volutes de l'ionique. Modèles antiques de l'ordre composite : l'arc de Titus, l'arc de Septime Sévère, le temple de Mars, à Rome. Modèles modernes : à Paris, la Fontaine des Innocents, la porte Saint-Denis, l'église de la Magdeleine, etc. — Le composite est employé pour les extérieurs ; dans les intérieurs, le corinthien est préféré.

COURS

THÉORIQUE ET PRATIQUE

DE

DESSIN LINÉAIRE

CONFORME AUX PROGRAMMES OFFICIELS

A l'usage des Écoles primaires élémentaires
et des Écoles primaires supérieures

PAR

F. C.

Reproduire au moyen d'instruments et
dans des proportions déterminées le croquis coté d'un objet : tel est le but du
dessin linéaire.

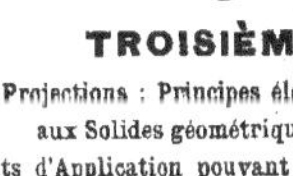

TROISIÈME CAHIER

Projections : Principes élémentaires. — Application
aux Solides géométriques et aux Objets usuels.
Sujets d'Application pouvant être donnés aux examens des
Brevets de Capacité (Aspirants).

A LA PROCURE GÉNÉRALE DES FRÈRES DE L'INSTRÚCTION CHRÉTIENNE

PLOËRMEL

Cahier appartenant à

DÉVELOPPEMENT DES SOLIDES
INDIQUÉS *Page* 5 DU CAHIER.

Toutes les faces des solides, rendues parallèles au plan vertical, s'y projetteraient en *vraie grandeur*. Etendons-les sur un même plan, une même feuille de papier fort, uous pourrons, en les repliant, reformer les solides.

PRISME

1. — *Développement du prisme* (*fig.* 1). — Il se compose de quatre rectangles de hauteur égale à celle de la projection verticale, — et de deux autres (juxtaposés comme l'indique la *fig.* 1) égaux à la projection horizontale. Les bases des premiers sont les côtés de cette dernière projection.

2. — *Exécution en nature.* — 1. Découper en entier le contour du développement en ayant soin de ménager les petites surfaces i, j, k..., de la *fig.* 1, destinées au collage. — 2. Entailler le papier dans sa demi-épaisseur, suivant les lignes AD, EF, EH, etc. — 3. Plier selon les entailles, comme l'indique la *fig.* 2, et coller quand les côtés des bases et des faces coïncident[1].

CYLINDRE DROIT

3. — *Développement du cylindre droit.* — C'est celui d'un prisme (*fig.* 1) dont chaque base est un cercle, et le reste, un rectangle de base égale à 12 fois le $\frac{1}{12}$ de la circonférence du cercle, en supposant cette circonférence divisée en 12 parties égales.

CYLINDRE TRONQUÉ

4. — *Développement du cylindre tronqué* (*fig.* 3). — Ce développement suppose qu'on a divisé la surface du solide au moyen de génératrices passant par les points 1, 2, 3, 4, 5, de sa base (*fig.* 36 *bis*), également espacés et suffisamment rapprochés pour que les arcs ainsi obtenus sur la circonférence puissent être considérés comme lignes droites. — Il comprend autant de trapèzes rectangles $A_1 m\,1$, etc., qu'il y a d'arcs (*fig.* 3). — Les différentes longueurs à porter au-dessus de la ligne ABA_1 sont respectivement égales à celles des génératrices de l'épure, qui portent les mêmes chiffres ou lettres. La largeur A^1 est donnée au plan.

Le reste du développement comprend le cercle de la base et l'ellipse de la face opposée, dont le petit axe égale le diamètre de la base[2].

5. — *Exécution en nature.* — 1. Découper le contour du développement. — 2. Rapprocher et coller les deux extrémités Am et $A_1 m_1$ (*fig.* 4). — 3. Ajuster la ligne ABA_1, devenue courbe, avec la circonférence de la base, et la courbe opposée à ABA_1, avec l'ellipse. — Coller.

PYRAMIDE RÉGULIÈRE

6. — *Développement de la pyramide régulière* (*fig.* 5)[3]. — Cette pyramide se développe suivant cinq triangles isocèles placés comme l'indique la figure et ayant pour bases le côté du pentagone régulier qui complète le développement ; les autres côtés du triangle sont tous égaux à l'arête de la pyramide.

7. — *Exécution en nature.* — Plier comme l'indique la *fig.* 6, juxtaposer les côtés SB, SB_1, puis la base avec le reste du développement.

TRONC DE CONE DROIT A BASES PARALLÈLES

8. — *Développement du tronc de cône droit à bases parallèles* (*fig.* 7). — 1. Prolonger les côtés $a'm'$, $b'n'$ de l'épure (*fig.* 40 *bis*) jusqu'à leur rencontre en s'. — 2. Avec $s'a'$ et $s'm'$ comme rayons, construire des secteurs SAA_1, Smm_1 (*fig.* 7) tels que l'arc ABA_1 contienne 12 longueurs égales au $\frac{1}{12}$ de la circonférence de la grande base. — Le développement comprendra le trapèze rectangle $Amm_1 A_1$, et les deux cercles des bases.

9. — *Exécution en nature* (*fig.* 8). — Enrouler le développement et joindre d'abord les côtés Am, $A_1 m_1$. — Gommer les dents de papier ménagées et les bases, puis les joindre[4].

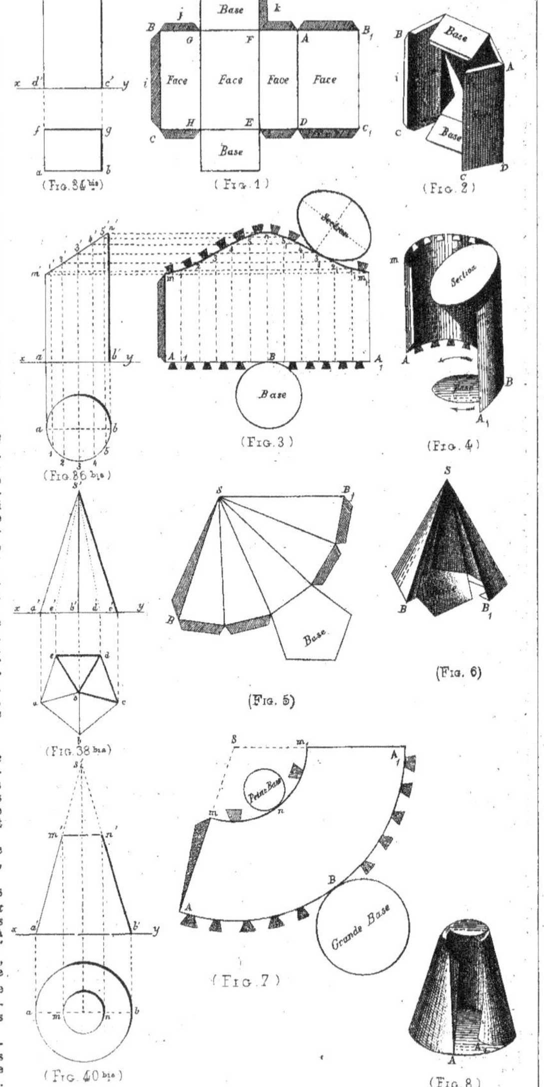

1. Les petites surfaces i, j, k... s'appliquent intérieurement. On commence par fixer la surface i sur le rectangle $AB_1 C_1 D$, de façon que les côtés BC et $B_1 C_1$ coïncident.
2. Voir le tracé de l'ellipse, explication de la planche II, *deuxième cahier de dessin linéaire*.
3. Le développement aura des proportions suffisantes si l'on donne à chacune de ses lignes 6 fois la longueur qu'elles ont ici.
4. L'adhérence se fait très bien si l'on charge le solide ainsi construit, d'un livre posé sur la petite base.

COURS DE DESSIN LINÉAIRE

3ᵉ Partie

THÉORIE DES PROJECTIONS

I. — DÉFINITIONS PRÉLIMINAIRES.

Les deux premiers cahiers de notre Cours de dessin linéaire contiennent des objets représentés sous deux de leurs dimensions (largeur et hauteur) : le plus souvent ce mode de représentation ne suffit pas pour permettre d'exécuter ces objets en nature ; on a alors recours au dessin de projection.

1. — Le *dessin de projection* a pour but de faire connaître, au moyen d'une ou plusieurs figures planes, la forme et la position d'un objet dans l'espace. — Les figures planes se tracent sur un plan.

2. — Un *plan* est une surface telle qu'elle contient en entier toute droite passant par deux de ses points pris à volonté. — Une feuille de papier bien tendue est un plan.

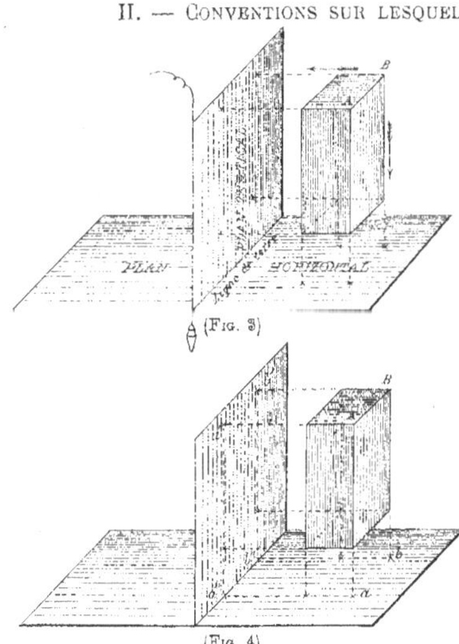

(Fig. 1)

3. — Une droite *AB* (*fig.* 1) est *perpendiculaire* à un plan quand elle est perpendiculaire à toutes les droites passant par son pied dans le plan. — Le *pied B* de la perpendiculaire est le point où elle rencontre le plan.

4. — Un plan *vertical* est un plan mené par une verticale. Exemple : la surface d'un mur bien uni.

Un plan *horizontal* est un plan perpendiculaire à une verticale. Exemple : le dessus d'un plancher.

5. — On appelle *angle dièdre* l'ouverture que forment entre eux deux plans qui se rencontrent. — La ligne de rencontre s'appelle *arête*.

Un plan vertical rencontrant un plan horizontal peut former deux dièdres égaux ; on dit alors que les plans sont *perpendiculaires* et que les angles dièdres sont droits (*fig.* 2).

6. — Une droite et un plan sont *parallèles* quand ils ne peuvent se rencontrer, à quelque distance qu'on les prolonge.

Deux plans sont *parallèles* dans le même cas. Exemple : le plancher et le plafond d'une chambre.

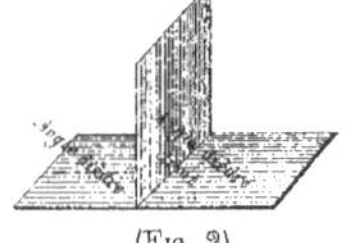

(Fig. 2)

Nota. — Les plans sont supposés illimités, mais, dans les figures, on les représente ordinairement par des parallélogrammes.

II. — CONVENTIONS SUR LESQUELLES REPOSE LE DESSIN DE PROJECTION.

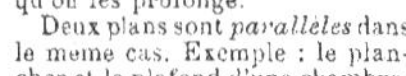

(Fig. 3)

7. — Soit à dessiner en projection une boîte *AB* (*fig.* 3).

1ʳᵉ Convention. — *On suppose l'objet placé entre deux plans, l'un horizontal, et l'autre vertical. — Ces deux plans portent le nom de plans de projection. — Le plus souvent, on fait reposer l'objet sur le plan horizontal.*

8. — REMARQUE. — Le plan horizontal représentant le sol, et le plan vertical un *mur*, on nomme LIGNE DE TERRE l'intersection des deux plans.

9. — **2ᵉ Convention.** — *On suppose que de chaque point principal de la surface de l'objet (fig. 3) partent deux perpendiculaires menées, l'une au plan vertical, l'autre au plan horizontal* [1].

10. — Le pied *a* (*fig.* 4) de la perpendiculaire abaissée du point *A* de l'objet sur le plan horizontal s'appelle *projection horizontale*, et le pied *a'* de la perpendiculaire du même point au plan vertical, se nomme *projection verticale*. Les projections des autres points s'obtiendraient de la même manière.

11. — REMARQUE. — Les deux projections d'un même point portent les mêmes lettres que le point, mais chacune de ces lettres est minuscule, et celle de la projection verticale est toujours accompagnée d'un accent qu'on nomme *prime*.

12. — Dans la pratique, on remplace la projetante *Aa* par la perpendiculaire *a'a''* [2] abaissée de sa projection verticale sur la ligne de terre, et la projetante *Aa'* par la perpendiculaire *aa''* de sa projection horizontale à la ligne de terre.

Ces lignes a'a'', aa'' et d'autres semblables b'b'', bb'', qui suppléent les projetantes, sont appelées LIGNES DE RAPPEL.

(Fig. 4)

---

1. Ces perpendiculaires appelées *projetantes* sont, dans les figures 3 et 4, représentées en pointillé et vont dans le sens des flèches. — C'est dans le sens de chacune de ces flèches qu'est supposé regarder alternativement l'observateur.

2. Lire *a* prime, *a* seconde.

13. — 3ᵉ Convention. — *On rabat par la pensée[1] le plan horizontal autour de la ligne de terre de manière qu'il soit le prolongement du plan vertical (fig. 5).*

14. — La ligne de rappel bb'' (*fig.* 5) devient $b_1 b''$ ([2]) et se trouve être en *ligne droite* avec l'autre ligne de rappel correspondante $b'b''$. De même le point a tombe en a_1 en ligne droite avec les points a', a''. Les deux droites $b_1 b'$, $a_1 a'$ sont *perpendiculaires* à la ligne de terre et *les deux plans n'en font plus qu'un* (*fig.* 5 et 6).

15. — Si l'on joint maintenant par des droites les projections horizontales telles que a_1, b_1... (*fig.* 6) entre elles, de même que les projections verticales a', b'... et que le plan commun de projection soit représenté de face (*fig.* 7), on a un ensemble comprenant la projection horizontale et la projection verticale de l'objet.

16. — L'ensemble des projections horizontale et verticale d'un objet sur un même plan se nomme *épure*.

Ces principes exposés, passons en revue les diverses positions du point par rapport aux plans de projection.

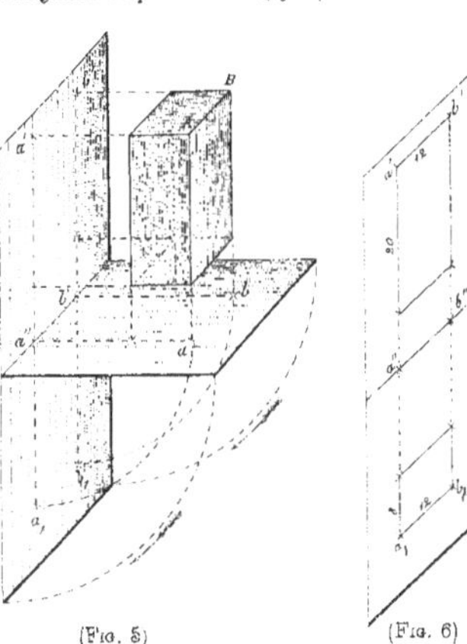

(Fig. 5)

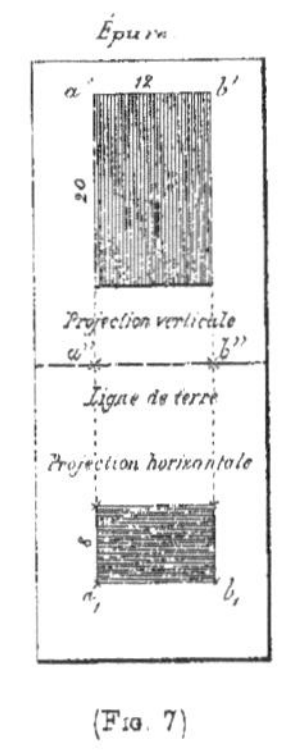

(Fig. 6)

(Fig. 7)

III. — PROJECTIONS DU POINT.

17. — La boîte AB, que nous venons de considérer, — descendue jusqu'au plan horizontal et appuyée au plan vertical (*fig.* 8)[3], — nous donne, dans sa face AE, les différentes positions qu'un point peut avoir par rapport aux plans de projection. Ainsi un point peut être situé :

1° *Dans l'espace, en avant du plan vertical et au-dessus du plan horizontal.* — A (*fig.* 8).

2° *Dans le plan vertical seul.* — F (*fig.* 8).

joints par les *lignes de rappel devenues une seule droite perpendiculaire à la ligne de terre* [14].

19. — La projection verticale du point F pris isolément sur le plan vertical (*fig.* 8) ne peut être que le point F lui-même, et sa projection sur le plan horizontal, le pied d'une perpendiculaire FE abaissée sur ce plan qu'elle rencontre en un point de la ligne de terre.

En épure (*fig.* 9), la projection verticale est représentée par le point f', et la projection horizontale par le point f sur la ligne de terre.

20. — Les projections du point D (*fig.* 8) se représentent en épure (*fig.* 9) par le point d pour la projection horizontale, et le point d' sur la ligne de terre, pour la projection verticale ; les projections du point E (*fig.* 8), par le même point e, e' de l'épure (*fig.* 9).

21. — REMARQUE I. — Si nous nous reportons à la boîte AB (*fig.* 8), nous verrons que :

1° Les extrémités d'une même perpendiculaire AF au plan vertical ont une même projection verticale F (*fig.* 8) ;

2° Les extrémités d'une même perpendiculaire AD au plan horizontal ont une même projection horizontale D.

22. — REMARQUE II. — Dans une épure, les projections verticales donnent les *hauteurs* des points au-dessus du plan horizontal ; les projections horizontales, les *distances* de ces points au plan vertical.

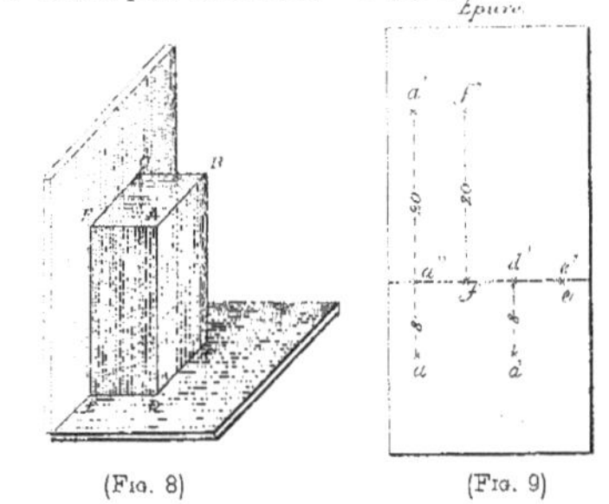

(Fig. 8)

(Fig. 9)

3° *Dans le plan horizontal seul.* — D (*fig.* 8).

4° *Dans les deux plans à la fois.* — E (*fig.* 8).

18. — Considérons chacune de ces positions **à part** :

Nous savons déjà que les projections du point A (*fig.* 8) sont représentées en *épure* par les points a, a' (*fig.* 9)[**2ᵉ Convention**],

(Fig. 10)

23. — REMARQUE III. — Si deux points A, B (*fig.* 8) de la boîte sont projetés **ensemble** dans une même épure (*fig.* 10), les *largeurs* comprises entre leurs projections, soit horizontales, soit verticales, font connaître la distance qui sépare les points A, B.

---

1. Les lignes courbes et les flèches de la fig. 5 indiquent la « tombée » du plan vertical.
2. Lire b indice 1, b seconde.
3. La figure montre que les plans de projection ont été remplacés par un petit *tableau pliant*, dont l'usage ne saurait trop se recommander.

IV. — PROJECTIONS DE LA LIGNE.

24. — Si nous menions les projetantes de tous les points de la ligne AB (*fig.* 11)[1], nous déterminerions deux plans $AB\,ab$, $AB\,a'b'$, dits *plans projetants*, et dont la rencontre avec les plans de projection se ferait suivant les lignes ab, $a'b'$, qui sont les projections de la ligne donnée : on peut donc simplement joindre d'une part les projections horizontales a, b, des points A et B, et de l'autre leurs projections verticales a', b', pour avoir les projections, horizontale et verticale de la ligne AB.

25. — La *projection d'une droite* sur un plan s'obtient par les projections de deux de ses points pris à ses extrémités : on joint ces projections par une ligne droite.

26. — Une ligne peut avoir huit positions par rapport aux deux plans de projection, suivant qu'elle est :

1º Perpendiculaire au plan vertical. — AV (*fig.* 12) ou AF (*fig.* 8).
2º   —   —   horizontal. — BC (*fig.* 13) ou AD (*fig.* 8).
3º Dans le plan vertical. — VE (*fig.* 14) ou FG (*fig.* 8).
4º   —   — horizontal. — HG (*fig.* 15) ou DC (*fig.* 8).
5º Parallèle aux deux plans. — AB (*fig.* 16 ou AB (*fig.* 8).
6º   — seulement au plan vertical. — AB (*fig.* 11).
7º   —   —   — horizontal. — VA (*fig.* 17).
8º Oblique aux deux plans. — VH (*fig.* 18)[2].

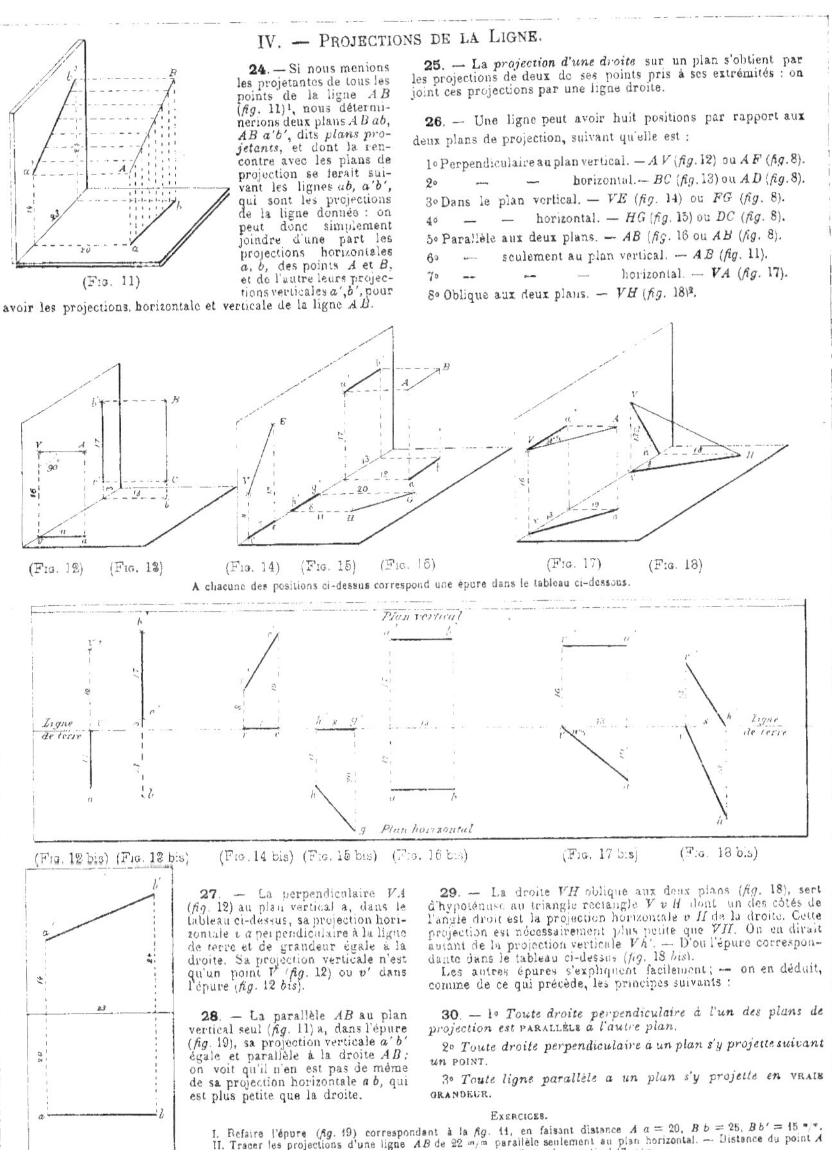

A chacune des positions ci-dessus correspond une épure dans le tableau ci-dessous.

27. — La perpendiculaire VA (*fig.* 12) au plan vertical a, dans le tableau ci-dessus, sa projection horizontale $v\,a$ perpendiculaire à la ligne de terre et de grandeur égale à la droite. Sa projection verticale n'est qu'un point V (*fig.* 12) ou v' dans l'épure (*fig.* 12 bis).

28. — La parallèle AB au plan vertical seul (*fig.* 11) a, dans l'épure (*fig.* 19), sa projection verticale $a'b'$ égale et parallèle à la droite AB ; on voit qu'il n'en est pas de même de sa projection horizontale $a\,b$, qui est plus petite que la droite.

29. — La droite VH oblique aux deux plans (*fig.* 18), sert d'hypoténuse au triangle rectangle $V\,v\,H$ dont un des côtés de l'angle droit est la projection horizontale $v\,H$ de la droite. Cette projection est nécessairement plus petite que VH. On en dirait autant de la projection verticale $V\,h'$. — D'où l'épure correspondante dans le tableau ci-dessus (*fig.* 18 bis).

Les autres épures s'expliquent facilement ; — on en déduit, comme de ce qui précède, les principes suivants :

30. — 1º *Toute droite perpendiculaire à l'un des plans de projection est* PARALLÈLE *à l'autre plan.*

2º *Toute droite perpendiculaire à un plan s'y projette suivant un* POINT.

3º *Toute ligne parallèle à un plan s'y projette en* VRAIE GRANDEUR.

Exercices.

I. Refaire l'épure (*fig.* 19) correspondant à la *fig.* 11, en faisant distance $A\,a = 20$, $B\,b = 25$, $B\,b' = 15$ m/m.

II. Tracer les projections d'une ligne AB de 22 m/m parallèle seulement au plan horizontal. — Distance du point A à ce plan 22 m/m, au plan vertical 14 m/m. Distance du point B au plan vertical 17 m/m.

---

1. Se servir, pour représenter la ligne AB ainsi que toutes les autres lignes désignées dans cette page, de petites *tiges de fer* placées entre les plans du tableau pliant et dans la position voulue.
2. Nous prenons le cas particulier où la droite VH est appuyée aux deux plans de projection.

V. — Projections du Plan.

31. — Un plan (polygone, cercle, etc.) peut être :

1° Perpendiculaire au plan vertical et parallèle au plan horizontal (*fig.* 20)[1] ou face $ABGF$ (*fig.* 8);

2° Perpendiculaire au plan vertical et oblique au plan horizontal (*fig.* 21).

3° Perpendiculaire au plan horizontal et parallèle au plan vertical (*fig.* 22) ou face $ABCD$ (*fig.* 8).

4° Perpendiculaire au plan horizontal et oblique au plan vertical (*fig.* 23).

5° Perpendiculaire aux deux plans (*fig.* 24) ou face $ADEF$ (*fig.* 8).

6° Oblique aux deux plans (*fig.* 25)[2].

7° Appliqué sur l'un des plans de projection (*fig.* 29).

32. — Les projections des plans ou surfaces planes sont déterminées par l'*ensemble des projections* des lignes qui les limitent.

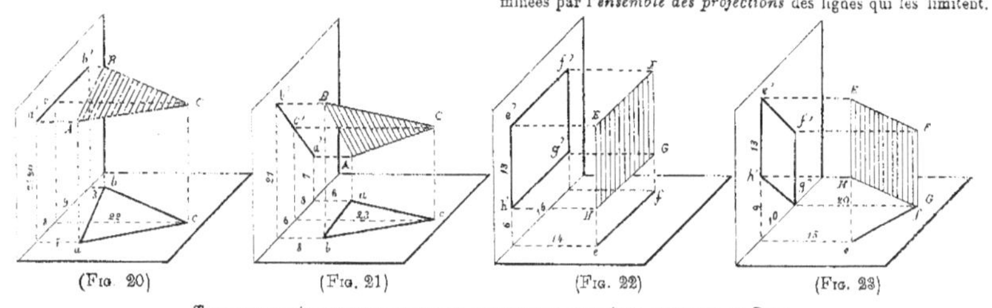

(Fig. 20) (Fig. 21) (Fig. 22) (Fig. 23)

TABLEAU DES ÉPURES CORRESPONDANT AUX QUATRE PREMIÈRES POSITIONS DU PLAN

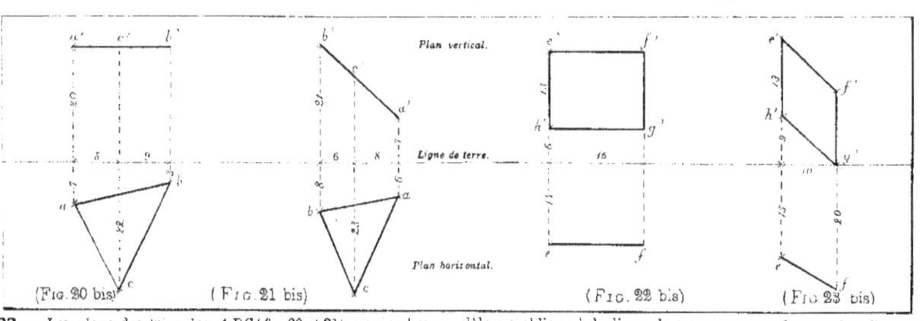

(Fig. 20 bis) (Fig. 21 bis) (Fig. 22 bis) (Fig. 23 bis)

33. — Les plans des triangles ABC (*fig.* 20 et 21), perpendiculaires au plan vertical, deviendraient, si on les prolongeait jusqu'à ce dernier, plans projetants de chacun des côtés des triangles [**24**]; la projection verticale des plans des triangles ABC ne peut donc être qu'une ligne. Cette ligne $a'b'$ (Voir le tableau) est ou parallèle ou oblique à la ligne de terre, comme chaque plan l'est lui-même au plan horizontal.

Dans la *fig.* 20, la projection horizontale est égale au triangle; elle est plus petite dans la *fig.* 21 (V. l'épure).

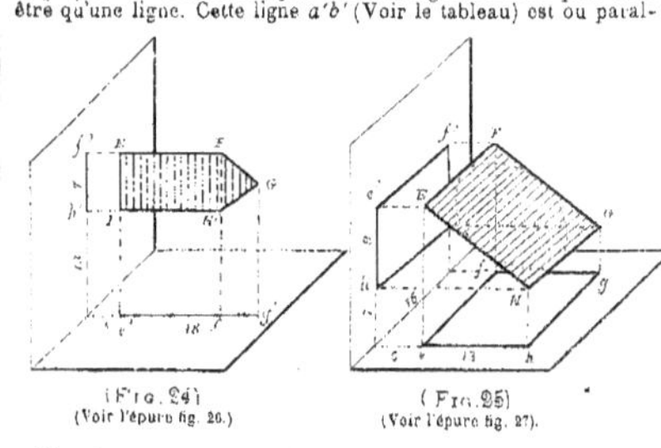

(Fig. 24)
(Voir l'épure fig. 26.)

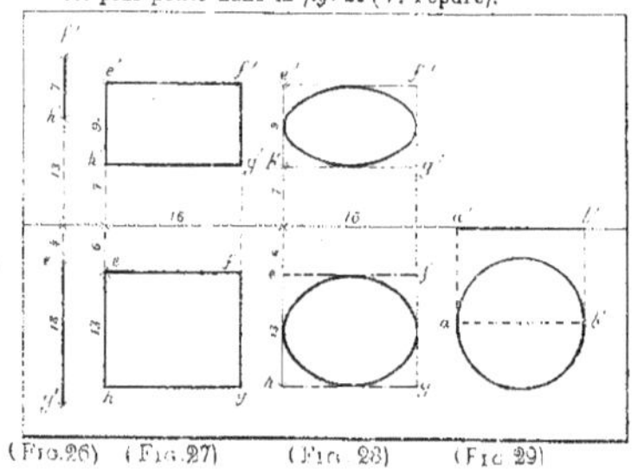

(Fig. 25)
(Voir l'épure fig. 27).

(Fig. 26) (Fig. 27) (Fig. 28) (Fig. 29)

34. — Les autres épures ci-dessus se comprennent facilement. On en déduit, ainsi que des explications qui précèdent, les principes ci-dessous :

1° *Tout plan parallèle à l'un des plans de projection est* PERPENDICULAIRE *à l'autre*.

2° *Tout plan parallèle à l'un des plans de projection s'y projette en* VRAIE GRANDEUR.

3° *Tout plan perpendiculaire à un plan de projection s'y projette suivant une* LIGNE DROITE. Cette droite est parallèle, oblique ou perpendiculaire à la ligne de terre, comme le plan donné est lui-même parallèle, oblique ou perpendiculaire au plan de projection.

35. — REMARQUE I. — Au cas où le triangle ABC (*fig.* 20) serait descendu verticalement sur le plan horizontal, sa projection verticale descendrait elle-même verticalement sur la ligne de terre; d'où l'épure (*fig.* 29), si l'on admet que le triangle a été remplacé par un cercle.

36. — REMARQUE II. — Au cas où le plan $EFGH$ (*fig.* 25) serait remplacé par un cercle, ce cercle deviendrait une *ellipse* dans chacune de ses projections (Voir l'épure *fig.* 28)[3].

---

1. Découper en papier le plan ABC, supposé agrandi, de la figure 20, ainsi que les autres plans employés dans cette page, puis les placer entre les *plans du tableau pliant*.

2. Nous prenons le cas fréquent où le plan donné $EFGH$ (*fig.* 25) est parallèle à la ligne de terre.

3. Voir le tracé de l'ellipse, pl. II, *deuxième cahier de dessin linéaire*.

VI. — Projections des Solides.

37. — On appelle *solide* tout ce qui a longueur, largeur et hauteur.

38. — Les solides dont nous nous occuperons sont : le *prisme*, la *pyramide*, le *cylindre* et le *cône;* les deux premiers s'appellent *polyèdres* comme limités par des polygones, les autres, *corps ronds* comme limités par des surfaces courbes.

39. — On nomme *prisme* (*fig.* 33) un polyèdre compris entre deux bases ou polygones égaux et parallèles et dont toutes les autres faces sont des parallélogrammes. — Un prisme est *régulier* quand ses bases sont des polygones réguliers, et ses arêtes, des perpendiculaires aux bases.

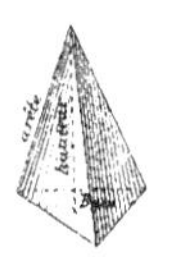

(Fig. 30)

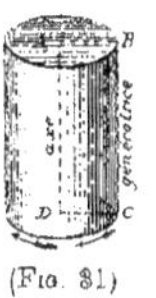

(Fig. 31)

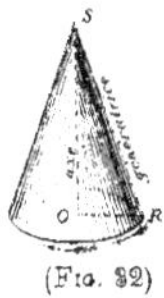

(Fig. 32)

40. — Une *pyramide* (*fig.* 30) est un polyèdre compris entre un polygone quelconque servant de base, et des faces triangulaires ayant pour bases les côtés de ce polygone et pour sommet commun un même point de l'espace. La hauteur est la perpendiculaire abaissée du sommet sur le plan de la base. — Une pyramide est *régulière* quand elle a pour base un polygone régulier et que sa hauteur tombe au centre de sa base.

41. — Un *cylindre circulaire droit* (*fig.* 31) est le volume engendré par la révolution complète d'un rectangle *ABCD* tournant autour de l'un de ses côtés *AD* nommé *axe*[1]. — Le cylindre est la limite d'un prisme régulier dont la base tend à devenir cercle.

42. — Un *cône circulaire droit* (*fig.* 32) est le volume engendré par la révolution d'un triangle rectangle *SOR* tournant autour d'un des côtés de l'angle droit ; ce côté s'appelle *axe*. — Le cône est une sorte de pyramide régulière à base devenue cercle.

43. — Le prisme et le cylindre sont dits *tronqués* lorsqu'ils ont été coupés dans toute leur largeur suivant un plan oblique à la base (Voir un cylindre tronqué, *fig.* 35).

44. — Un *tronc de cône à bases parallèles* (*fig.* 39) est la portion de cône comprise entre la base et une section parallèle à la base.

45. — Nous donnons ci-dessous les projections de plusieurs solides, et au verso de la couverture du cahier, le moyen de fabriquer ces solides d'après leurs projections.

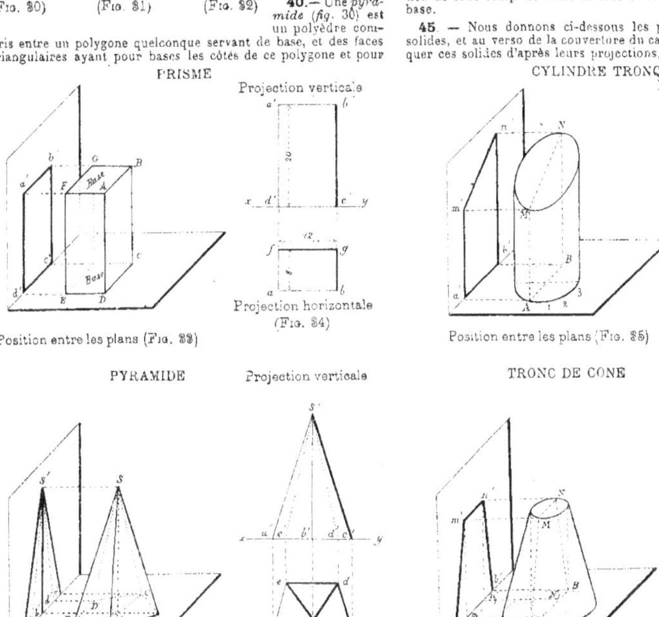

PRISME
Projection verticale
Position entre les plans (Fig. 33)
Projection horizontale (Fig. 34)

CYLINDRE TRONQUÉ
Projection verticale
Position entre les plans (Fig. 35)
Projection horizontale (Fig. 36)

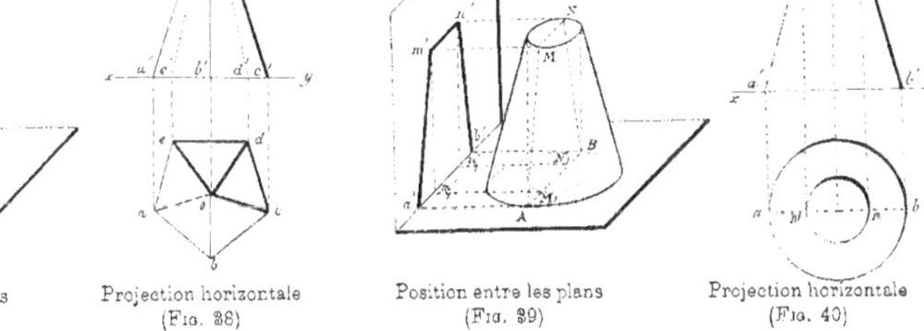

PYRAMIDE
Projection verticale
Position entre les plans (Fig. 37)
Projection horizontale (Fig. 38)

TRONC DE CONE
Projection verticale
Position entre les plans (Fig. 39)
Projection horizontale (Fig. 40)

VII. — De l'Épure et du Croquis coté d'un Objet usuel.

46. — Présentons de face le plan vertical et le prisme (boîte rectangulaire) de la figure 33 ci-dessus. — En plus de la projection verticale (ou élévation) et de la projection horizontale (ou plan), déterminons une projection de l'objet sur un 2ᵉ plan vertical (auxiliaire) perpendiculaire au premier (*fig.* 42).

47. — Autour de la ligne d'intersection de ces plans, faisons tourner le plan auxiliaire, de façon qu'il soit le prolongement du plan vertical[2]. — La ligne *PR* (et ses divisions) du plan auxiliaire devient elle-même le prolongement de la ligne de terre.

48. — Si au lieu de cette 3ᵉ projection *f'₂ d'₂* (*fig.* 42), nous représentons seulement la moitié de droite *PB* de l'objet (*fig.* 41), nous avons une coupe (*fig.* 43). Dans cette dernière figure, le plan horizontal est supposé rabattu [3ᵉ **Convention**] et les 3 projections sont sur un même plan.

49. — Les hachures indiquent les pièces coupées[3], et la ligne *m n* du plan montre dans quel sens l'objet a été coupé.

50. — L'ensemble des projections (*fig.* 43) fait à main levée s'appelle *croquis*, et avec instruments graphiques, *épure*.

---

1. Le côté *BC* opposé à l'axe, dans la figure de révolution, s'appelle *génératrice*. — On peut tracer un nombre indéfini de génératrices sur la surface ou contour du cylindre ou du cône.
2. Les lignes courbes et les flèches qui les accompagnent (*fig.* 42) indiquent sur le plan horizontal prolongé la rotation du plan auxiliaire.
3. Les hachures peuvent être remplacées par une teinte claire de laque carminée.

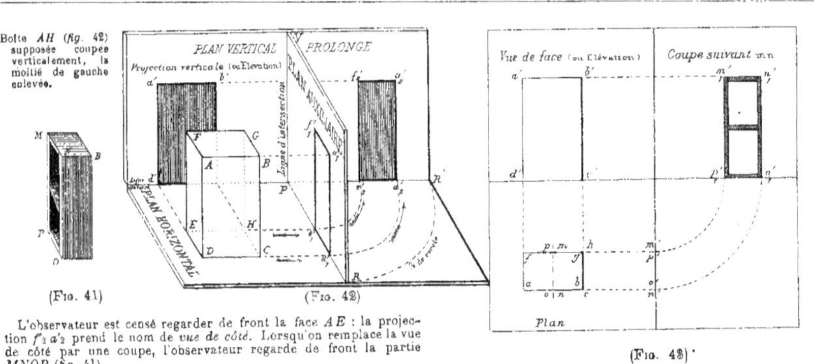

L'observateur est censé regarder de front la face AE : la projection $f'_2 a'_2$ prend le nom de *vue de côté*. Lorsqu'on remplace la vue de côté par une coupe, l'observateur regarde de front la partie $MNOP$ (*fig.* 41).

VIII. — Cotes, Échelle, Mise en place, Titres.

51. — *Cotes.* — Les dimensions d'un objet se mesurent avec un double décimètre ou avec un mètre pliant. Elles s'indiquent par des *cotes* ou nombres qu'on écrit au milieu de lignes ponctuées, tracées comme dans la planche I. — Remarquer que les extrémités de ces lignes sont reliées à la partie correspondante de l'objet par d'autres petits traits ponctués (appelés *attaches*).

52. — On commence d'abord par tracer les lignes ponctuées (ou *attentes*) avant d'écrire les cotes. Celles-ci doivent être assez nombreuses pour permettre l'exécution de l'objet en nature.

Les planches du cahier montrent, suivant les sujets, le choix des cotes à mettre et le meilleur mode de les écrire.

53. — *Détermination de l'échelle.* — Soit la boîte à craie (*planche I ci-contre*) dont il a fallu dessiner quatre projections dans un cadre de 17^{cm} sur 23 [1].

I. — L'élévation, la coupe et la vue de côté, qui occupent la plus grande dimension du cadre, auraient, dans leur grandeur naturelle, occupé un espace de $188 + 88 + 88 = 364^{m/m}$ de long.

D'autre part, sur les 23^{cm} du cadre, il était bon de réserver à gauche de la vue de côté, un espace en blanc . . . . . de 1^{cm}
à droite de la coupe . . . . de 1^{cm}
des 2 côtés de l'élévation, 2 espaces plus grands, ensemble 4^{cm}

$$\text{Total. . . . . } \overline{6^{cm}}$$

D'où longueur de l'espace disponible $23 - 6 = 17^{cm}$.
$364^{m/m}$ devant occuper 17^{cm}

$$1 \quad \text{devait} \quad - \quad 17 \times \frac{1}{364} = 0^{cm},047$$

c'est-à-dire près de 1/2 millimètre.
Supposant que $1^{m/m}$ occupât $1/2^{m/m}$

$$364 \quad \text{occuperaient} \quad \frac{364}{2} = 182^{m/m}$$

Il resterait, de disponibles $23^{cm} - 18,2 = 4^{cm},8$

Chaque petit espace en blanc deviendrait de $\frac{48}{6} = 8^{m/m}$.

II. — Ce petit espace se retrouverait entre le plan et l'élévation, dans le sens de la plus petite dimension du cadre. Or, dans ce sens, en grandeur naturelle, l'élévation occuperait $88^{m/m}$
le plan (Voir la coupe). . . . . $\underline{88}$

$$\text{Total. . . . . } \overline{176^{m/m}}$$

Ces $176^{m/m}$ seraient réduits, dans le cadre, à $\frac{176}{2} = 88$

Il resterait, de disponibles $17^{cm} - 8,8 = 8^{cm},2$ à répartir ainsi :
1° Entre le plan et l'élévation . . . . 0,8 en blanc
2° Au-dessus de l'élévation . . . : . . . . . 4 —
3° Au-dessous du plan . . . . 3,4 —

$$\text{Total égal. . . . . } \overline{8^{cm},2}$$

C'est ce qui a été fait. L'échelle était donc de $0^m,05$ pour 1^{dcm}.

Nota. — Si le plan et l'élévation avaient dû prélever trop sur les 17^{cm} du cadre, l'échelle de 0,05 aurait été rejetée. Réservant d'abord les blancs nécessaires $8^c,2$... le quotient du reste $8^c,8$ par 17,6 (voir ci-dessus) aurait déterminé l'échelle convenable.

54. — *Détermination de la ligne de terre.* — D'après ce qui précède (**53**, II), cette ligne se trouve séparée du haut du cadre (*pl.* I) par un espace blanc de 4^{cm} grandeur naturelle, et par l'élévation dont la hauteur $88^{m/m}$ est réduite à $4^{cm}4$: en tout $4 + 4,4 = 8^{cm}4$.

55. — *Construction de l'échelle.* — On peut supposer que les dimensions ou cotes ont été portées sur la feuille au moyen d'un double décimètre réduit de moitié et dont les centimètres étaient devenus des 1/2 centimètres [2]. Ce double décimètre ainsi réduit s'est nommé échelle. — Rappelons brièvement ce que nous avons dit, *p.* 8 du 1er cahier, sur la construction d'une échelle mobile.

Pliant une bande de papier de manière à former une ligne droite AB (*fig.* 44), on applique un double décimètre ordinaire sur le bord extérieur du pli et l'on marque un trait en face de

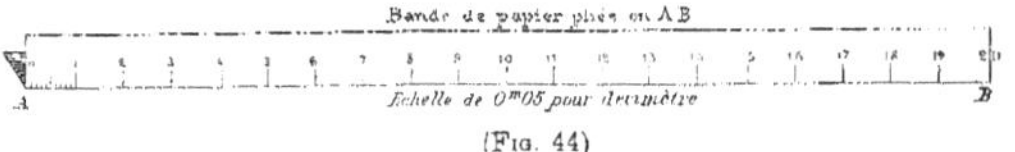

chaque centimètre et 1/2 centimètre, jusqu'au 21e demi-centimètre [3]. Le premier, marqué zéro, a été divisé en deux, puis en dix parties égales. Chacune de ces petites parties représente 0^m001 et chacune des autres 0^m01.

56. — Les titres font partie intégrante de l'épure. Ils s'écrivent comme dans la *pl.* I, et le titre principal se trace avec règle, équerre et tire-ligne. Ses lettres ont les dimensions indiquées planche I.

Pour les traits forts et ponctués, la planchette, etc...., voir la couverture du cahier.

1. Le tracé du cadre est expliqué page 3 du 1er cahier ou p. 2 du 2e cahier de dessin linéaire.
2. Toutefois les dimensions ou cotes inscrites en chiffres sur l'épure sont toujours celles de l'objet en nature et non celles qu'il a sur le papier. — Dans la pratique, on se servirait du double décimètre ordinaire, mais on considérerait les cotes de la planche I comme comprenant des nombres de millimètres 2 fois plus petits.
3. Les traits se marqueraient de 4 en 4^{cm} au cas où l'échelle serait de $0^m,04$ pour décimètre (voir n° **53**, Nota).

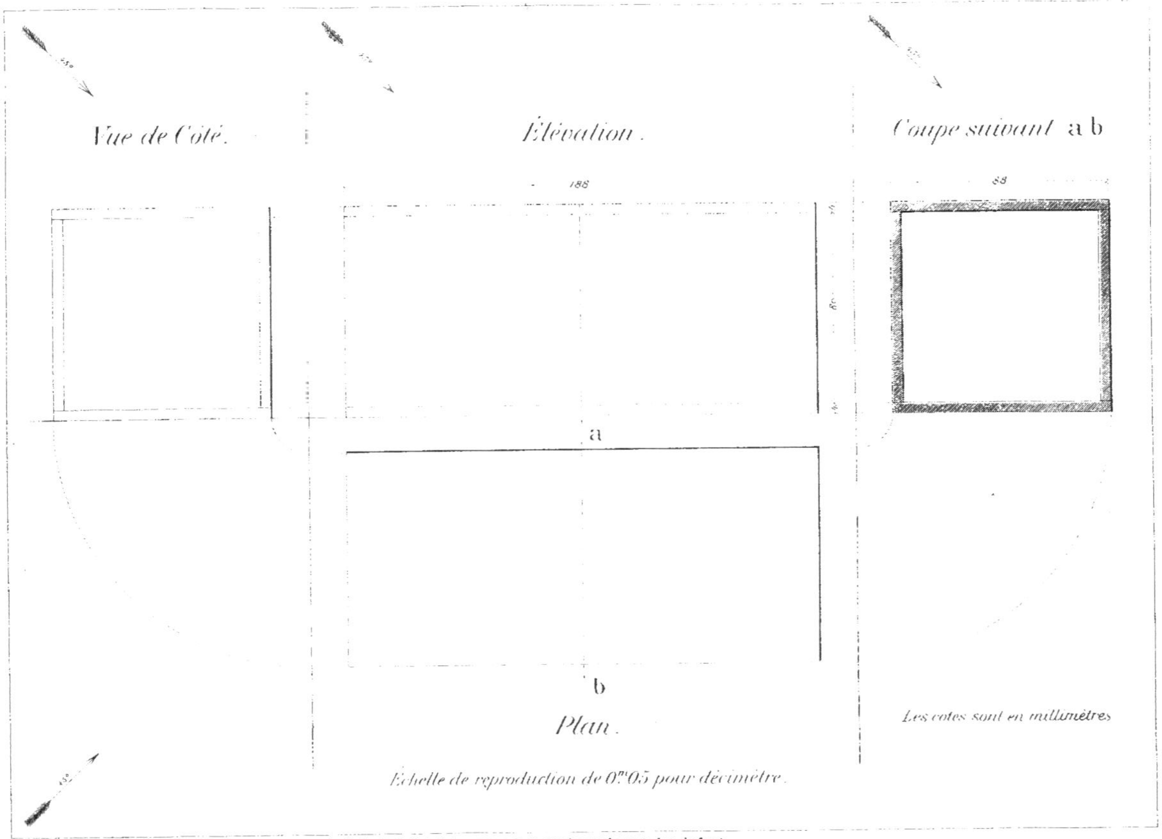

1. — La *vue de côté* est la projection de la face de droite de l'objet, l'observateur étant censé regarder cette face de front.
2. — Le plan représente le *dessus* de la boîte; l'élévation, le *devant*; la vue de côté, le *côté*; la coupe, l'*intérieur*.
3. — Le plan donne la *largeur* et la *profondeur*; l'élévation, la *largeur* et la *hauteur*; la vue de côté, la *profondeur* et la *hauteur*; la coupe, la *profondeur*, la *hauteur* de l'objet et l'*épaisseur* des pièces qui le constituent.
4. — *Ordre à suivre dans le tracé* : 1° Mener la ligne de terre et la directrice du milieu, qui lui est perpendiculaire; 2° Tracer l'*élévation* et les traits qui la séparent, ainsi que le plan, des autres projections; 3° *Finir par le plan*.

TIROIR

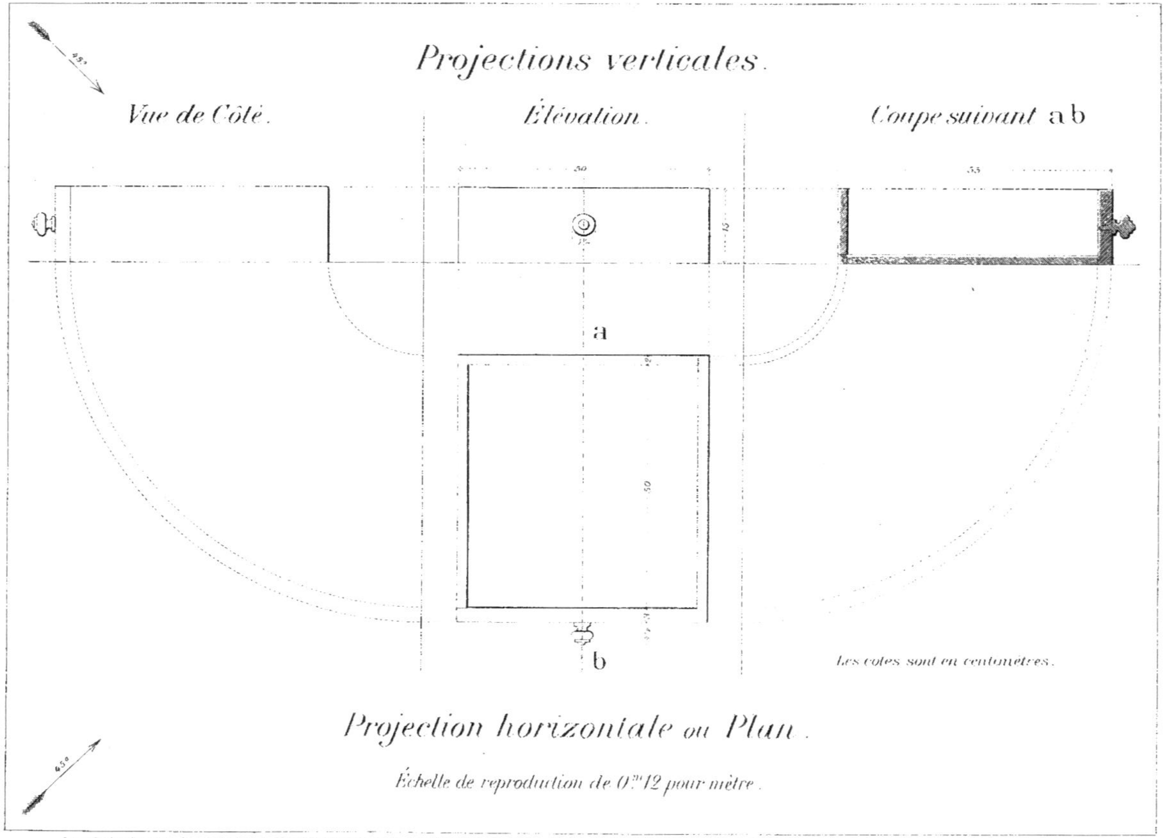

1. — *Ordre à suivre dans le tracé :* 1° **Mener** la ligne de terre et la directrice du milieu, qui lui est perpendiculaire ; 2° Tracer l'*élévation* et les traits qui la séparent; ainsi que le plan, des autres projections ; 3° *Finir par le plan.*

2. — **Applications.** — Mettre en projections un *tiroir* d'après nature, une *auge de maçon*, un *pupitre de bureau.*

PETIT BANC.

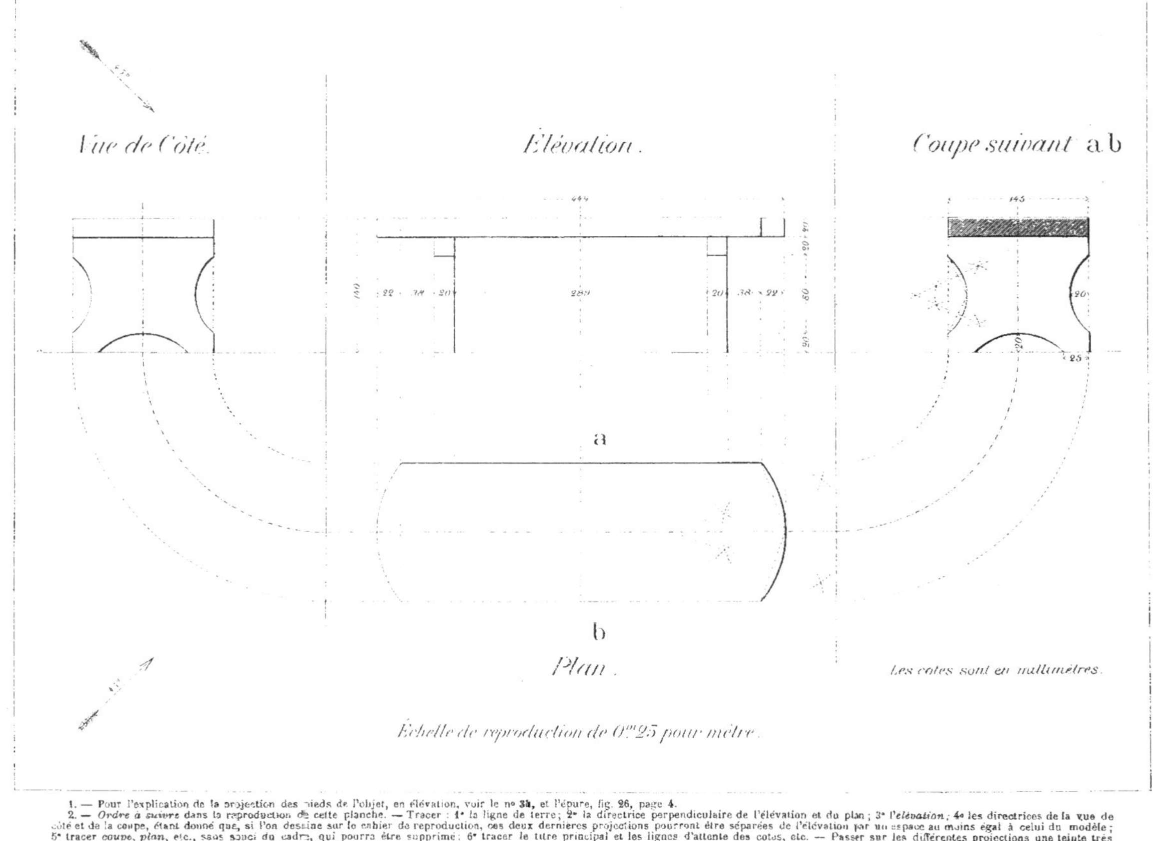

1. — Pour l'explication de la projection des pieds de l'objet, en élévation, voir le n° **34**, et l'épure, fig. 26, page **4**.

2. — *Ordre à suivre* dans la reproduction de cette planche. — Tracer : 1° la ligne de terre; 2° la directrice perpendiculaire de l'élévation et du plan ; 3° *l'élévation;* 4° les directrices de la vue de côté et de la coupe, étant donné que, si l'on dessine sur le cahier de reproduction, ces deux dernières projections pourront être séparées de l'élévation par un espace au moins égal à celui du modèle ; 5° tracer *coupe, plan,* etc., sans souci du cadre, qui pourra être supprimé ; 6° tracer le titre principal et les lignes d'attente des cotes, etc. — Passer sur les différentes projections une teinte très claire de terre de Sienne brûlée. — Placer les traits forts et les cotes.

3. — **Applications.** — Épure d'un *banc d'école,* croquis coté d'un *marteau* debout sur son fer, d'un *maillet.*

POT A FLEURS

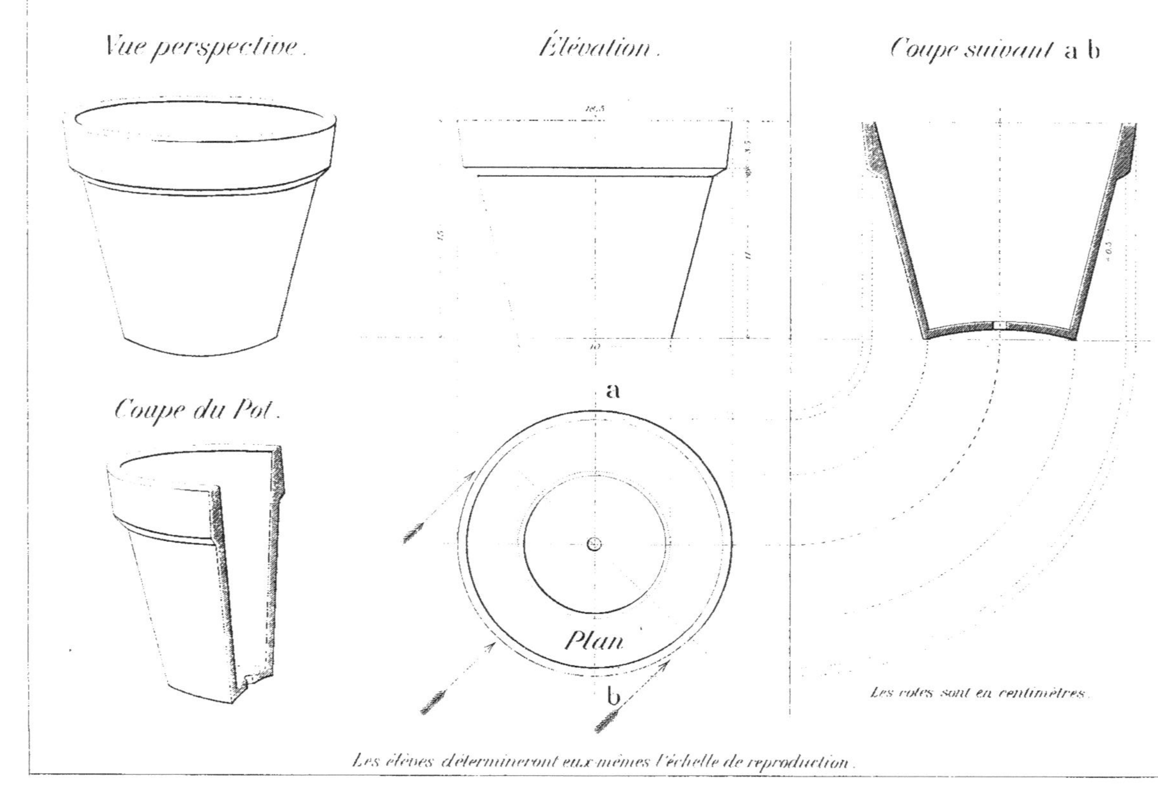

1. — Pour la détermination des projections des circonférences, voir nos **34, 35**, épures fig. 20 et 29. — Pour le renforcement des traits de force, voir la dernière page de la couverture du cahier.

2. — Il n'y a pas de vue de côté; de plus les deux figures perspectives ne sont pas à reproduire; on peut alors supposer que le cadre du modèle passe à 4 centimètre à gauche de l'élévation; d'où il suit que l'élève pourra placer le plan et l'élévation dans le sens de la plus grande dimension du cahier de reproduction. — Le trait plein qui sépare l'élévation de la coupe peut être tracé au milieu de la feuille; on peut construire un cadre de 21 cent. sur 37,5. — Le procédé indiqué, page 6, conduit à la détermination de l'échelle.

3. — *Ordre à suivre* dans la reproduction des figures. — Tracer : 1° les directrices de l'élévation, de la coupe et du plan; 2° la *coupe*; 3° le *plan*, par le moyen des 1/4 de cercle et lignes de rappel; 4° l'*élévation*.

4. — **Applications.** — Croquis coté d'un *bol* sans anse, d'un *entonnoir* en fer-blanc, d'un *verre*, d'un *encrier*, d'un *seau* en zinc.

TABOURET

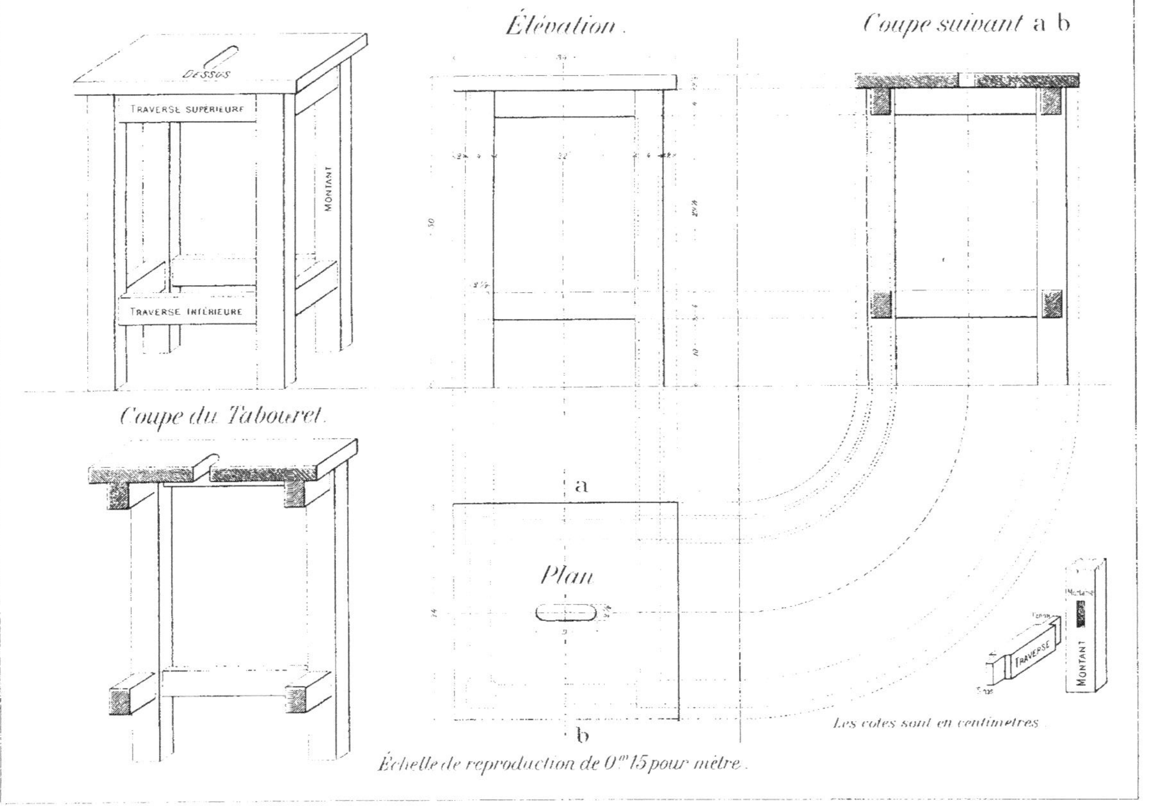

1. — Les deux figures de gauche ne devant pas être reproduites, le cadre du modèle peut être censé passer à 1cm 1/2 de l'élévation; tracer la ligne de terre dans le sens de la plus petite dimension de la feuille de reproduction; un peu à gauche du milieu de cette feuille, mener la ligne de séparation de l'élévation et de la coupe; tracer la directrice de l'élévation au milieu de l'espace réservé à cette projection.

2. — *Ordre à suivre pour le tracé des trois projections* : 1º commencer par l'*élévation*; 2º tracer les directrices de la coupe et du plan; 3º tracer la *coupe*, et au moyen de celle-ci, le *plan*, dont le pointillé représente les arêtes invisibles des pièces figurées en coupe et en élévation.

3. — **Applications.** — Mettre en projections, à l'échelle convenable : 1º un *tabouret* analogue à celui du modèle; 2º une *table sans tiroir*; 3º un *escabeau* simple; 4º une *presse de menuisier*.

TRÉTEAU

Vue de Côté. *Élévation.* *Coupe suivant* a b

Les élèves détermineront eux-mêmes l'échelle de reproduction.

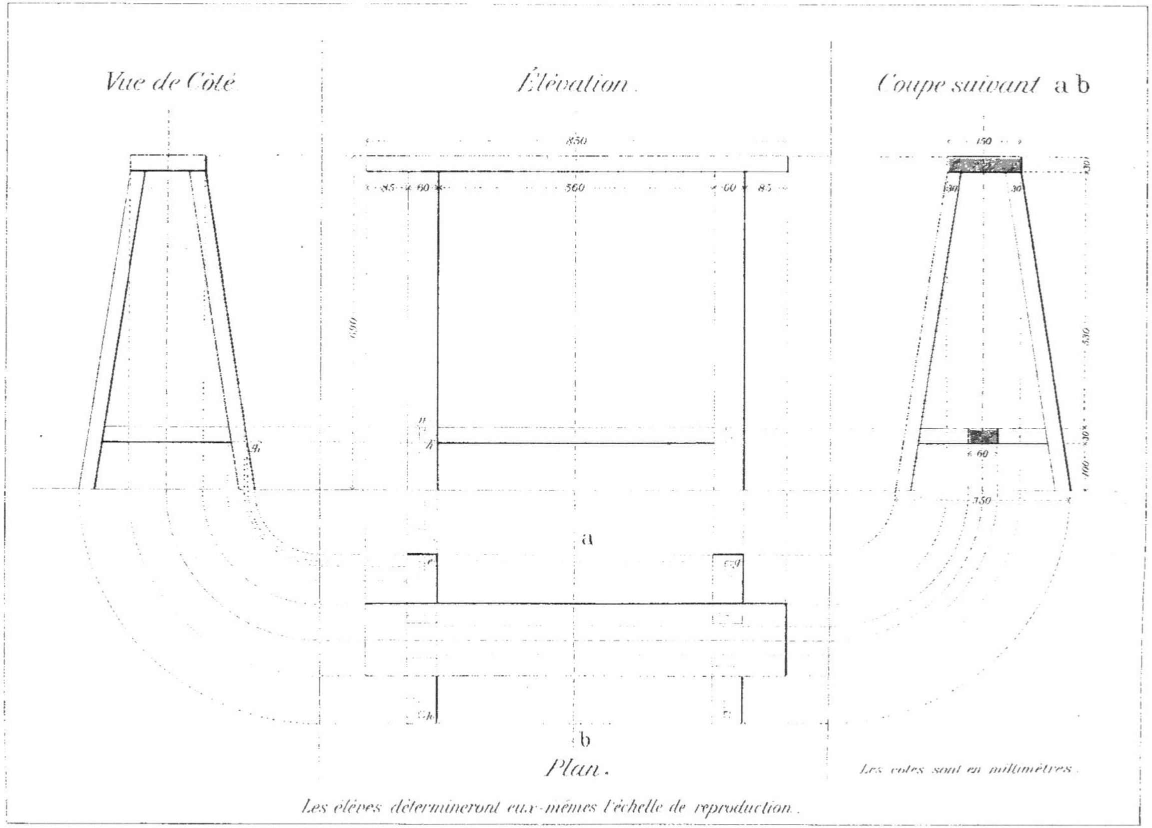

1. — Les échelles les plus employées sont de 0m 10, de 0m 15, de 0m 20, etc. pour mètre : choisir une échelle assez grande pour que l'épure remplisse bien une feuille du cahier de reproduction ou toute autre. — Au besoin, supprimer le cadre. — Remarquer la correspondance du point e du plan avec les points h' de l'élévation et g', de la vue de côté. — On a coté en millimètres pour éviter l'emploi de virgules.

2. — *Ordre à suivre* pour le tracé. — Après avoir mené la ligne de terre et la directrice du milieu, qui lui est perpendiculaire, indiquer la place de l'élévation, puis tracer les directrices de la *vue de côté* et de la *coupe;* construire ces deux projections, puis l'*élévation.* — Le *plan* se trace en dernier lieu et se déduit des autres projections.

3. — **Applications.** — Croquis coté d'un *pupitre* de musicien, d'un *rabot de menuisier;* épure d'une partie de table de classe, d'un chevalet à scier le bois, d'un prie-Dieu.

CAISSE A FLEURS

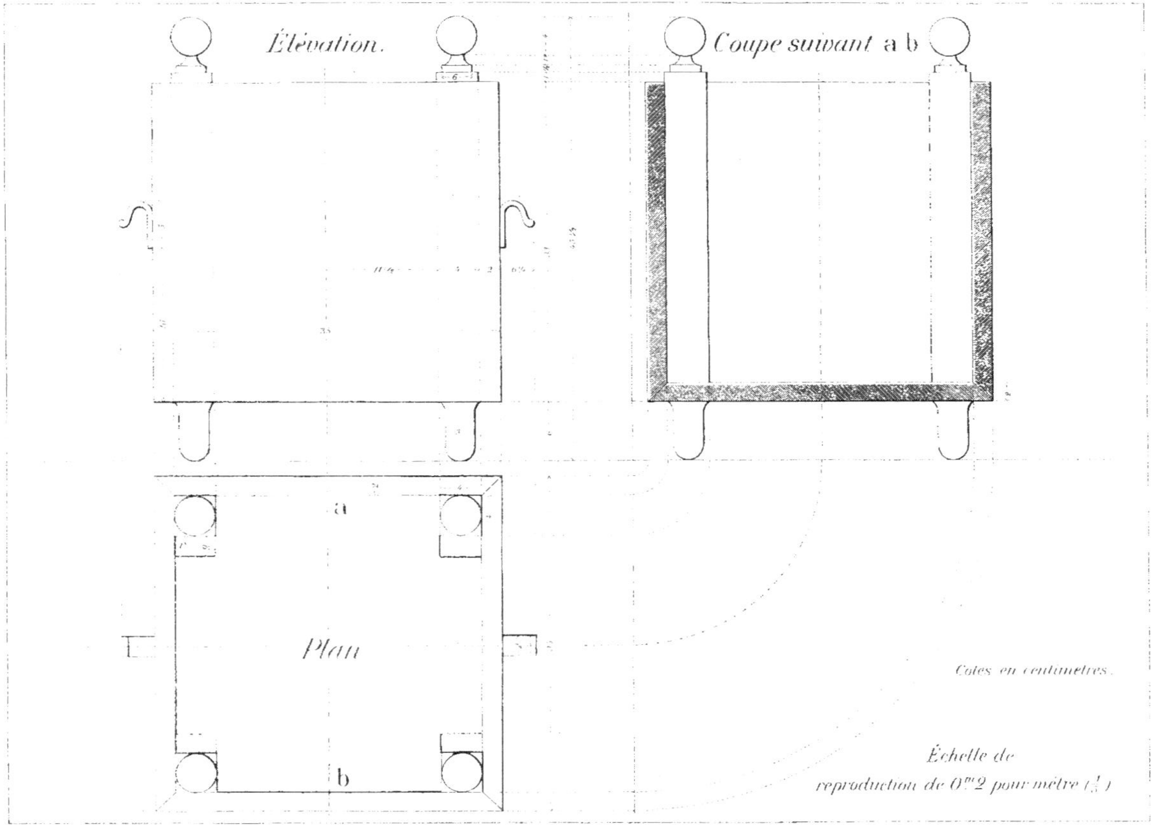

1. — Relire la note 2 de la planche I : la partie marquée v, au plan, représente un vide du fond de l'objet.
2. — *Ordre à suivre* dans la reproduction de l'épure. — Déterminer : 1° la position de la ligne de terre ; 2° celle des directrices perpendiculaires à la ligne de terre, en considérant que la coupe et l'élévation sont séparées l'une de l'autre et du cadre par des espaces soi-disant égaux ; 3° tracer *l'élévation*, puis le *plan*, puis la *coupe*.
3. — **Applications.** — Croquis coté d'un *coffre à bois*, d'un *entonnoir* quadrangulaire (en bois), d'un *seau à charbon* (Voir *cylindre tronqué*, page 5).

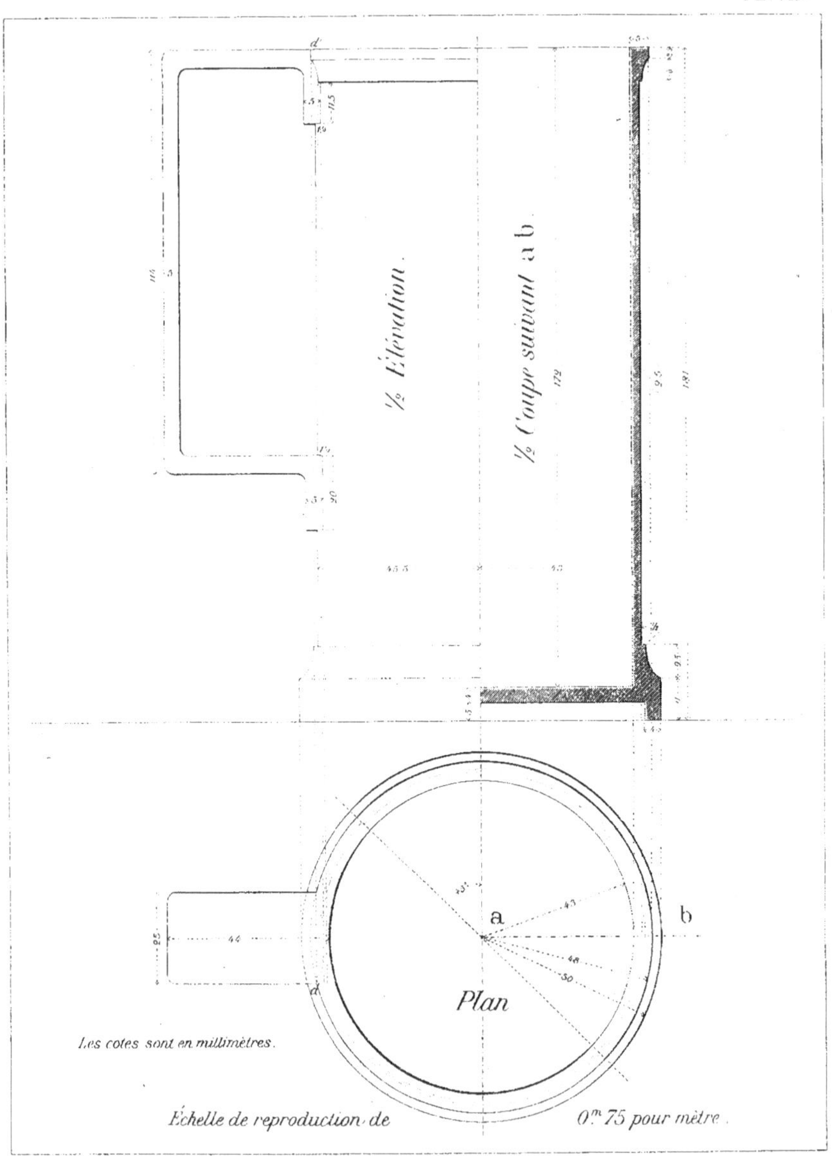

1. — Abstraction faite de l'anse, la symétrie de l'objet permet de se contenter d'une demi-élévation et d'une demi-coupe verticale juxtaposées, ce que commande d'ailleurs le manque de place. — Remarquer la correspondance du point *d* du plan avec le point *d'* de la demi-élévation.

2. — *Ordre à suivre dans le tracé.* — Commencer par la 1/2 coupe, dont la cote *43* est le 1/4 de la cote de hauteur *172*. — *Finir par la 1/2 éléval.*

3. — Passer une teinte très claire de bleu de Prusse sur le plan, la 1/2 élévation, l'intérieur de la 1/2 coupe. — Placer traits de force et cotes.

4. — **Applications.** — Croquis coté d'un *arrosoir de classe*, du *décalitre* (bois), d'une *bouteille*, d'une *cafetière*, d'un *chandelier à* anse, d'un pot à l'eau, l'anse tournée vers le spectateur.

TABLE AVEC TIROIR

Élévation.

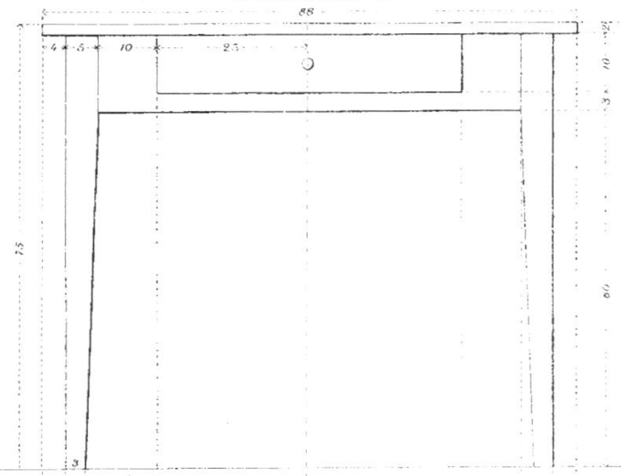

Coupe suivant a b

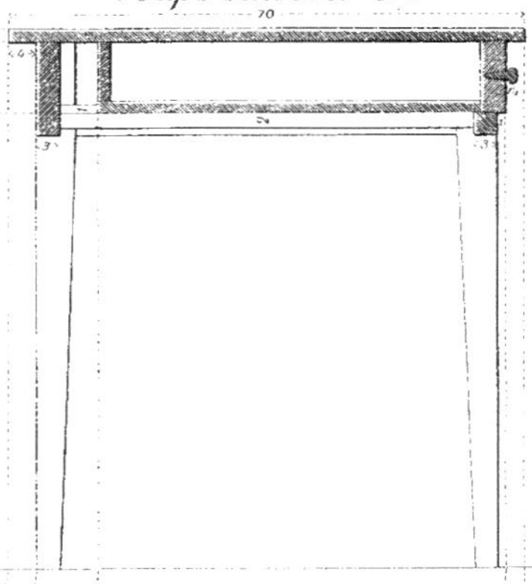

Vue de Côté du Tiroir

montrant les assemblages.

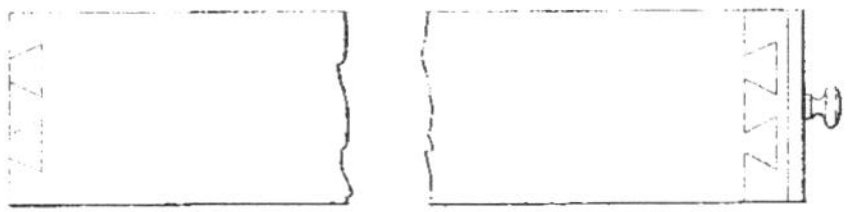

Cotes en centimètres

Plan.   Les élèves détermineront eux-mêmes l'échelle de reproduction.

1. — La projection verticale de l'arête des pieds tournés en dehors est perpendiculaire à la ligne de terre. — Pour simplifier la coupe, nous avons admis le cas où le dessous du tiroir est aussi bas que la face inférieure du côté qui frotte sur la réglette cotée 2.

2. — *Ordre à suivre* dans le tracé. — Commencer par le cadre, la ligne de terre, la directrice *ab*. Passer à la *coupe*, puis à l'*élévation*, ensuite au *plan*. Finir par la *vue de côté* et le titre principal.

3. — Appliquer un ton très peu foncé de bois sur le plan, l'élévation et la coupe dont on pourrait alors remplacer les hachures par une teinte grise d'encre de Chine. — Placer traits de force, cotes...

4. — **Applications.** — Faire, *d'après nature* : 1° une coupe *longitudinale* d'une table avec tiroir ; 2° l'épure de cette table (coupe en largeur, élévation, vue de côté, plan) sur feuille de 30cm sur 48.

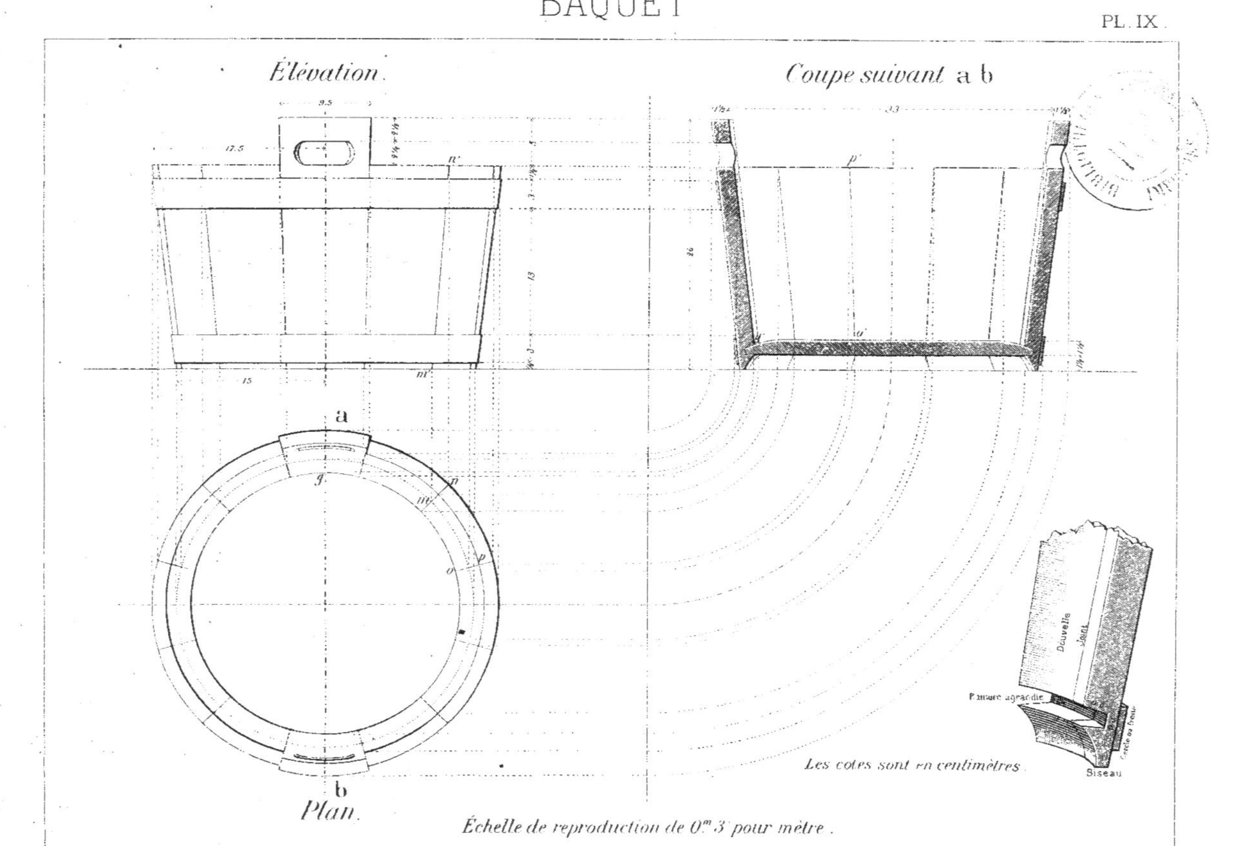

1. — *Ordre à suivre* pour l'agrandissement du modèle. — Commencer par le *plan*, passer à l'*élévation* et de là à la *coupe*. — La circonférence ponctuée du plan représente la circonférence de la base rendue invisible par les douvelles. — Remarquer la correspondance : 1° des points *m, n* du plan et *m', n'* de l'élévation, qui déterminent dans cette dernière un joint de douvelles ; 2° des points *o, p* du plan avec *o' p'* de la coupe, qui déterminent un autre joint, mais *intérieur*; 3° des points *g, g'* (plan et coupe). — Noter la divergence des joints au-dessous du fond, dans la coupe. — La figure perspective de droite représente un fragment agrandi, de coupe, le fond de l'objet supposé enlevé.

2. — Applications. — Mettre en projections un *baril*; reproduire dans le sens de la plus petite dimension d'une feuille, le plan et l'élévation ci-dessus dont on remplacera une moitié par une 1/2 coupe.

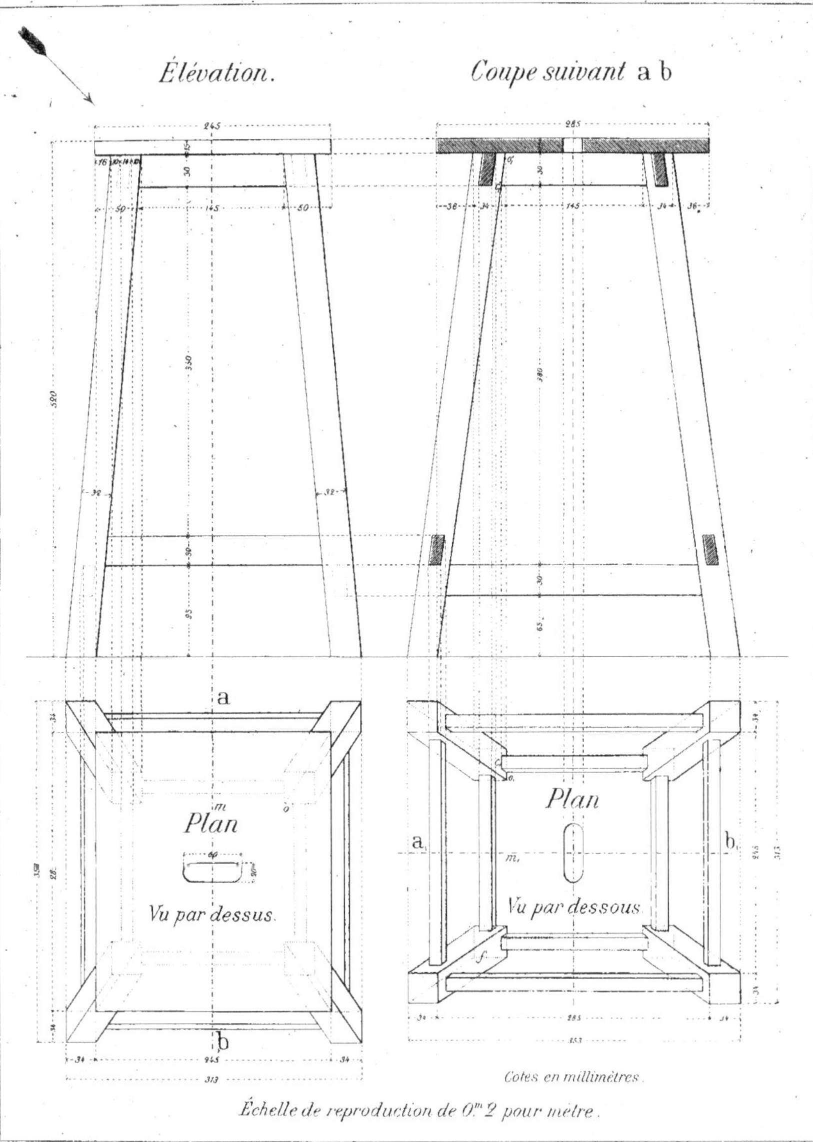

1. — Les points o', et o, (coupe et plan vu par dessous) sont sur une même perpendiculaire à la ligne de terre, les points c', et c, aussi. Les distances o,m, (plan vu par dessous) et om (plan vu par dessus) sont égales. — La face f (plan vu par dessous) est dans l'ombre, parce que, étant donnée sa direction de gauche à droite et d'avant en arrière, elle est penchée de moins de 45° par rapport à la verticale.

2. — *Ordre à suivre dans le tracé.* — Dessiner : 1° la *coupe*; 2° l'*élévation*; 3° le *plan* vu par *dessus*; 4° le *plan* vu par *dessous*.

3. — **Applications.** — Épure (d'après nature) d'un poids en fonte (commencer par le plan). — Croquis coté d'une chaise ordinaire (finir par le plan).

57. — Si nous présentons au jour une *boîte cubique* sans couvercle ni face de devant (*fig.* 45), nous pouvons faire en sorte que deux faces VL, HL soient à demi ombrées à partir du point L. Dans ce cas un fil tendu de ce point au point opposé R, nous donnera la direction conventionnelle de la lumière ou d'un rayon lumineux.

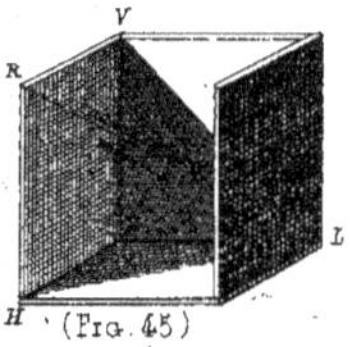

D'autre part, si nous considérons les faces VL, HL comme plans de projection, la droite XL devient ligne de terre, HL projection horizontale et VL projection verticale du rayon lumineux. Supposons les deux autres faces enlevées, les plans de projection deviennent entièrement éclairés; enfin si le plan horizontal est rabattu [**3e Convention**], nous avons l'épure (*fig.* 46) où la flèche inférieure donne la direction du rayon de *gauche à droite* et *d'avant en arrière*, et l'autre flèche, la direction de *gauche à droite* et de *haut en bas*.

Nota. — Toute flèche parallèle à l'une des premières est projection d'un autre rayon lumineux.

58. — On conclut de ce qui précède que le prisme dont les projections sont données (*fig.* 47) a ses faces de dessus, de gauche et de devant, seules éclairées.

Donc les arêtes séparant ces faces sont éclairées, et les lignes marquées **1, 2, 3, 4**, projections de ces arêtes, sont tracées fines. Il en est de même de toute la ligne de terre et aussi de la

On suppose que les rayons lumineux qui éclairent les corps vont de haut en bas, de gauche à droite, d'avant en arrière, suivant la diagonale d'un cube.

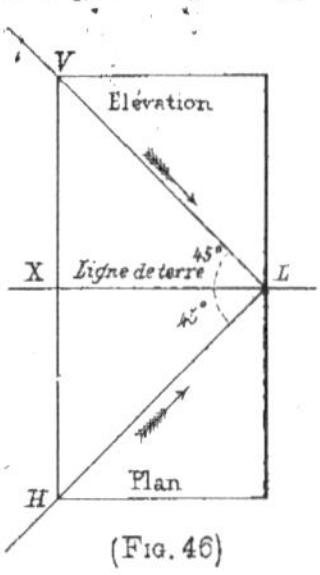

(FIG. 45)

(FIG. 46)

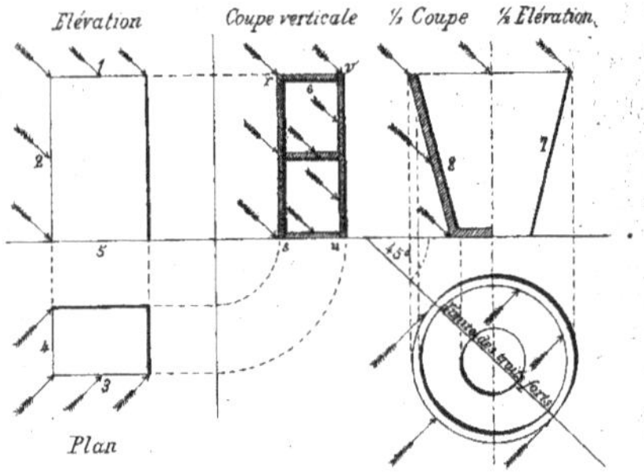

Élévation · Coupe verticale · ½ Coupe · ½ Élévation

Plan

(FIG. 47) · (FIG. 48) · (FIG. 49)

ligne **5** simulant l'arête de la face de devant rencontrant le plan horizontal.

59. — Les trois autres lignes plus grosses ou TRAITS DE FORCE (*fig.* 47) *représentent les arêtes séparatrices de faces éclairées et de faces ombrées.*

60. — Dans la coupe, nous voyons que chacun des cinq petits rectangles *rs*, *vu*, etc..., a été traité comme l'élévation, avec cette différence que les lignes représentant les joints des pièces ont été tracées fines, et que le trait **6**, projection d'une arête séparatrice d'une face éclairée et d'une face ombrée, est trait de force.

61. — La ligne **7**, projection verticale du contour apparent d'un pot à fleurs (*fig.* 49), peut être trait-fort, car ce contour est ombré du côté droit, comme on le voit au plan. Il en est de même du trait **8** d'intérieur (voir à la 1/2 coupe et au plan)[1].

62. — *Les principales sortes de* TRAITS PONCTUÉS *sont :*

Pour les *arêtes invisibles*, le pointillé par points ronds
Pour les *lignes de rappel*, le pointillé par traits de 1 m/m, espacés de 1/2 m/m
Pour les *directrices* et les *axes*, le pointillé mixte, par traits et points alternant

63. — C'est pour le dessin de projection que la *planchette* et le té sont surtout utiles, bien que la règle et l'équerre soient très souvent employées[2].

La *planchette* (*fig.* 50), est une sorte de panneau bien uni et de forme exactement rectangulaire.

Le TÉ (*fig.* 50), se compose de deux pièces à angle droit dont l'une, F, nommée la *tête*, glisse le long du bord de la planchette, et l'autre, E, la *règle*, s'applique sur celle-ci.

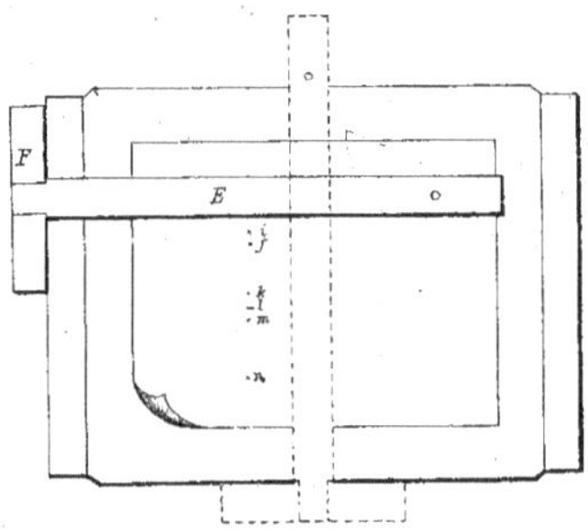

(FIG. 50)

64. — Soit à tracer sur une feuille, des droites, par des points déterminés i, j, k, l,... (*fig.* 50) et parallèlement au bord inférieur du papier.

1. — Fixer la feuille sur la planchette[3], dans une position telle que si on fait glisser le té du côté gauche de la planchette, le bord supérieur de sa règle puisse, à un moment donné, coïncider avec un des bords de la feuille.

2. — Faire glisser de nouveau le té jusqu'à ce que le bord supérieur de sa règle corresponde exactement à l'un des points par où les parallèles doivent passer.

3. — Tracer une ligne, en ayant soin de maintenir le té immobile.

Pour le tracé des lignes perpendiculaires aux parallèles dont il vient d'être question, le té devrait être placé comme l'indique le pointillé (*fig.* 50), et glisser le long du bord inférieur de la planchette.

Voir les principales sortes d'assemblages (4e cahier de dessin linéaire).

Nota. — *Ce 5e cahier ne renferme que des épures : à* l'EXAMEN DU BREVET ÉLÉMENTAIRE, *les* ASPIRANTS *n'ont eu à fournir jusqu'ici que des croquis cotés, — à exécuter, par conséquent, à main levée.*

1. Les traits de force montrent le relief ou les endroits saillants d'un objet.
2. L'équerre en bois, de 30 cm, et une petite règle plate sont d'un emploi avantageux pour les épures à exécuter sur le cahier de reproduction.
3. On peut fixer la feuille sur la planchette au moyen de punaises ou de pains à cacheter.

www.ingramcontent.com/pod-product-compliance
Lightning Source LLC
LaVergne TN
LVHW011451180726

843503LV00007BA/2986